Publications de la Société pour l'Étude de la Participation
RECONNUE D'UTILITÉ PUBLIQUE

CONGRÈS INTERNATIONAL

DE

LA PARTICIPATION

AUX BÉNÉFICES

Tenu à Paris du 15 au 18 juillet 1900

PROCÈS-VERBAUX SOMMAIRES

PAR

M. ALBERT TROMBERT

SECRÉTAIRE DU CONGRÈS

TROISIÈME TIRAGE

PARIS
IMPRIMERIE ET LIBRAIRIE CENTRALES DES CHEMINS DE FER
IMPRIMERIE CHAIX
SOCIÉTÉ ANONYME AU CAPITAL DE TROIS MILLIONS
Rue Bergère, 20
1902

CONSEIL D'ADMINISTRATION DE LA SOCIÉTÉ
POUR L'ÉTUDE DE LA PARTICIPATION AUX BÉNÉFICES

« La Société qui entreprend cette œuvre ne veut ni provoquer ni soutenir des polémiques trop souvent stériles. Elle se propose uniquement de faire connaître à tous ce qui a été réalisé par quelques-uns, en signalant aux intéressés les documents qu'elle rassemble dans sa BIBLIOTHÈQUE ou qu'elle analyse dans son BULLETIN. » (*Extrait de l'art. 1er du programme de la Société.*)

Peuvent devenir membres de la Société : les patrons, chefs d'établissement et leurs collaborateurs dans la direction, les directeurs ou administrateurs de Sociétés ou les personnes qui ont eu antérieurement ces mêmes qualités.

La souscription annuelle est de **20** francs. Elle peut être remplacée par un versement de **100** francs par an pendant trois ans, au moyen duquel s'acquiert le titre de membre fondateur.

Les lettres, communications et souscriptions doivent être adressées à M. le Secrétaire de la Société, 20, rue Bergère, à Paris.

AVIS

Les années 1879 à 1902 inclus du Bulletin sont en vente à la Librairie Chaix, 20, rue Bergère, au prix de 5 francs chacune.

Publications de la Société pour l'Étude de la Participation
RECONNUE D'UTILITÉ PUBLIQUE

CONGRÈS INTERNATIONAL

DE

LA PARTICIPATION

AUX BÉNÉFICES

Tenu à Paris du 15 au 18 juillet 1900

PROCÈS-VERBAUX SOMMAIRES

PAR

M. ALBERT TROMBERT

SECRÉTAIRE DU CONGRÈS

TROISIÈME TIRAGE

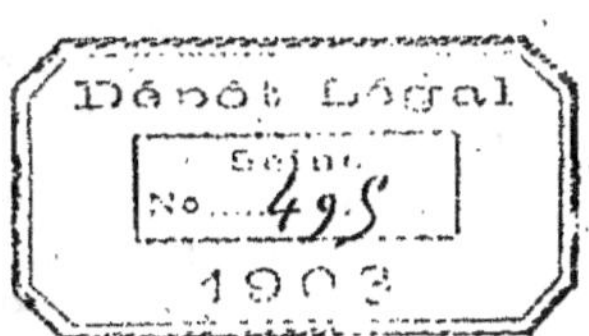

PARIS

IMPRIMERIE ET LIBRAIRIE CENTRALES DES CHEMINS DE FER

IMPRIMERIE CHAIX

SOCIÉTÉ ANONYME AU CAPITAL DE TROIS MILLIONS

Rue Bergère, 20

1902

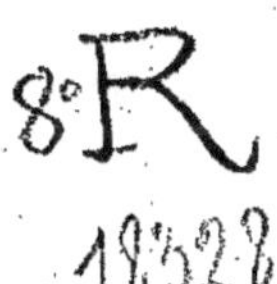

BUREAU DU CONGRÈS

Président :

MM.

DELOMBRE (Paul), député, ancien ministre, président de la Société pour l'étude pratique de la participation aux bénéfices, 89, rue de Monceau, à Paris.

Vice-Présidents :

GOFFINON (Édouard), ancien entrepreneur de travaux publics, vice-président de la Société pour l'étude pratique de la participation aux bénéfices, 76, boulevard de Magenta, à Paris.

LAROCHE-JOUBERT, député, directeur de la Papeterie Coopérative d'Angoulême, 6, rue Pierre-Charron, à Paris.

Vice-présidents d'honneur :

LE Dr BÖHMERT (Victor), ancien directeur du Bureau royal de statistique de Saxe et professeur d'Économie politique au Polytechnicum de Dresde.

CARROLL D. WRIGHT (Le Colonel), commissioner of Labor des États-Unis, à Washington.

HOLYOAKE (Georges-Jacob), historien des pionniers de Rochdale, président de la Société dite « Labour Association », à Brighton (Angleterre).

LEVASSEUR (Émile), membre de l'Institut, professeur au Collège de France, 26, rue Monsieur-le-Prince, à Paris.

LUIGI LUZZATTI (Le Commandeur), ancien ministre du Trésor d'Italie, président de l'Association des Banques populaires, à Padoue (Italie).

VAN MARKEN, directeur de la Fabrique néerlandaise d'alcool et de levure, à Delft (Hollande).

Secrétaire :

TROMBERT (Albert), chef du service de la Librairie Chaix, secrétaire de la Société pour l'étude pratique de la participation aux bénéfices, 182, rue du Faubourg-Saint-Denis, à Paris.

Secrétaire-adjoint :

MERLIN (Roger), publiciste, maire de Bruyères (Vosges).

Trésorier :

TULEU (Charles), fondeur de caractères, 58, rue d'Hauteville, à Paris.

CONGRÈS INTERNATIONAL

DE

LA PARTICIPATION AUX BÉNÉFICES

Tenu à Paris du 15 au 18 juillet 1900

PROCÈS-VERBAUX SOMMAIRES [1]

SÉANCE DU DIMANCHE 15 JUILLET

(APRÈS-MIDI)

PRÉSIDENCE DE M. PAUL DELOMBRE

ASSISTÉ DE M. LEVASSEUR ET DE M. LYON-CAEN

Ordre du jour. — Ouverture du Congrès; règlement de l'ordre des travaux.

M. Paul DELOMBRE déclare ouvert le Congrès international de la participation aux bénéfices, institué conformément à l'arrêté du 11 juin 1898 portant règlement pour les congrès de l'Exposition universelle de 1900 et à la décision de la Commission supérieure des congrès du 25 novembre 1898.

M. TROMBERT, secrétaire, lit les lettres d'excuses des membres qui sont empêchés d'assister à la réunion. M. le professeur Victor Böhmert, vice-président, regrette tout particulièrement que l'état de sa santé ne lui permette pas de faire le voyage de Dresde à Paris pour prendre part aux travaux du Congrès.

M. DELOMBRE souhaite la bienvenue aux membres du Congrès qui ont su se détacher des merveilles accumulées dans les multiples palais de l'Exposition pour venir s'occuper des créateurs

---

(1) Le compte rendu *in extenso* des séances du Congrès international de la participation aux bénéfices paraîtra dans le courant du mois de février prochain et sera distribué à tous les membres du Congrès. Il sera mis en vente, en même temps, à la librairie Chaix, rue Bergère, 20, au prix de 3 fr. 50 c.

de ces richesses. Il précise l'objet du Congrès de la participation aux bénéfices.

Il évoque le souvenir de Charles Robert, qui consacra tant de savoir et de dévouement à la propagande pour le développement de la participation et qui sut si nettement définir ce contrat : « La participation aux bénéfices, dit Charles Robert, est une convention légitime, propre à améliorer, à perfectionner le contrat de travail. » Et encore : « En modifiant le contrat de travail par l'adjonction au salaire fixe d'un élément éventuel, elle fournit le moyen, quand elle est organisée dans un esprit d'équité, de rendre la rémunération du travail proportionnelle autant que possible au concours donné et aux risques subis par les facteurs de la production. »

Dans un rapport des plus remarquables sur un concours relatif à la participation aux bénéfices, M. Levasseur s'exprimait, d'autre part, en ces termes : « Quelques économistes ont manifesté la crainte que la propagande de la participation aux bénéfices ne semât, au lieu de l'harmonie, des idées fausses, lesquelles sont toujours dangereuses, sur les rapports des salariants et des salariés. Cette crainte se justifierait si la participation aux bénéfices se présentait comme ayant la mission de réparer dans le monde une injustice logiquement inhérente au contrat de salaire ; mais elle n'est pas motivée quand la participation se présente avec le caractère véritable que le rapporteur lui reconnaît, qui est celui d'un contrat libre et volontaire de part et d'autre, ayant pour objet le salaire perfectionné et pour but une productivité meilleure par le salarié intéressé. »

M. Paul Delombre commente ces définitions, et montre quel élément de progrès social et de paix constitue, dans le salariat maintenu et perfectionné, la convention libre pour l'application de la participation aux bénéfices.

M. Levasseur prend la parole. Il rappelle que, depuis longtemps, il s'est déclaré favorable à la participation aux bénéfices, mais il ne la comprend que comme une des formes du contrat libre entre des travailleurs libres qui contractent dans leur intérêt réciproque.

M. Levasseur détermine dans quelles conditions la participation pourra, à son avis, être appliquée utilement et réussir. Le Congrès aura à examiner ces conditions, de façon à éclairer ceux qui seraient disposés à pratiquer la participation; on verra quels avantages elle présente, quelles difficultés aussi, quels écueils sont à éviter; on aidera ainsi à son succès, avec le concours de ces deux forces : la foi et la science.

Après ces discours vivement applaudis, le Congrès règle l'ordre de ses travaux et l'heure de ses séances.

SÉANCE DU LUNDI 16 JUILLET

(MATIN)

PRÉSIDENCE DE M. E. GOFFINON

ASSISTÉ DE M. PAUL DELOMBRE ET DE M. BEUDIN

Ordre du jour. — Délibération sur les 1re, 2e, 3e et 4e questions.

Première Question.

La convention librement consentie, par laquelle l'ouvrier ou l'employé reçoit une part déterminée d'avance des bénéfices, est conforme à l'équité et aux principes essentiels du droit positif.

Rapporteur : M. LYON-CAEN, membre de l'Institut, professeur à la Faculté de droit de Paris.

M. LYON-CAEN donne lecture de son rapport. Suivant lui, il n'y a, en droit, aucun motif pour que le salaire ne soit pas variable avec l'importance des bénéfices réalisés. Il pourrait en être ainsi pour la totalité du salaire; *a fortiori* peut-il en être ainsi pour une partie du salaire, comme cela a lieu le plus souvent, l'ouvrier ou l'employé recevant, outre un salaire fixe, un salaire éventuel égal à une part dans les bénéfices convenue par avance. Il y a longtemps que la participation aux bénéfices est consacrée par nos lois et pratiquée dans l'usage. D'un autre côté, on ne peut nier que la participation aux bénéfices ne soit conforme à l'équité. Grâce à elle, l'ouvrier ou l'employé reçoit, à titre éventuel, un complément de salaire qui est basé sur les résultats améliorés de l'entreprise et qui contribue à mieux proportionner sa rémunération aux services rendus. Grâce à elle aussi, le patron n'assume pas, à raison de l'élévation des salaires, une charge qui l'écrase, cette charge étant, au contraire, au moins pour partie, proportionnelle aux bénéfices qu'il réalise.

M. Paul Delombre. — Il y a des personnes qui considèrent que le salariat est un système démodé; qu'il ne donne pas à l'ouvrier la rémunération légitime de son travail; que la participation aux bénéfices tend à le faire disparaître et doit contribuer à amener un régime nouveau de coassociation.

Le Congrès n'est-il pas d'avis, au contraire, que tout autres sont l'objet et le caractère de la participation aux bénéfices; que le salariat, progrès social considérable, a émancipé l'ouvrier; qu'il est la rémunération normale des services rendus à l'industrie; que l'on peut concevoir, assurément, comme juste et équitable, qu'à côté d'une part fixe des produits de l'industrie, répondant au salaire normal, il y ait une part éventuelle proportionnée aux bénéfices, — et grâce à laquelle le rendement des entreprises aura chance d'être accru, la paix de l'atelier affermie, l'éducation de la démocratie ouvrière développée, —, mais qui sera toujours du salaire, parce qu'il n'y aura pas participation aux pertes.

M. Lyon-Caen, se renfermant dans les limites de la question qui lui était posée, confirme les conclusions de son rapport. Il s'agit non d'un contrat de société, mais d'un contrat de louage de services. Il faut que le salaire soit proportionné aux services. Si le salaire n'est pas proportionné aux services, on comprend qu'il y ait une sorte de supplément aléatoire consistant dans une participation aux bénéfices.

D'intéressantes observations sont échangées entre M. Paul Delombre, Lyon-Caen, Beudin et Marin au sujet du caractère de la participation aux bénéfices et de la situation respective du patron et de l'ouvrier dans l'œuvre de la production.

Le Congrès adopte la résolution suivante :

La convention librement consentie, par laquelle l'ouvrier ou l'em-

ployé reçoit une part déterminée d'avance des bénéfices, est recommandée par l'équité et n'est pas contraire aux principes essentiels du droit positif.

Deuxième Question.

La participation aux bénéfices ne peut pas être imposée par l'État ; elle doit résulter uniquement, suivant les circonstances, de l'initiative du patron ou d'un vœu des ouvriers librement accepté par lui, au même titre que toute autre convention relative à la rémunération du travail.

Rapporteur : M. E.-O. LAMI, auteur du *Dictionnaire encyclopédique de l'Industrie et des Arts industriels*, rapporteur du Comité de la classe 108 (Groupe de l'Économie sociale).

Le rapporteur est nettement opposé à toute intervention de l'État en ce qui concerne la participation aux bénéfices. Faire intervenir le pouvoir en pareille matière, c'est faire appel au socialisme d'État. L'auteur croit que la participation aux bénéfices se développera sous l'influence de l'initiative privée et du progrès de l'instruction générale. Il rappelle les arguments de premier ordre présentés en 1889 par le regretté M. J.-B. Gauthier sur le même sujet. Dans une conférence faite la même année, Charles Robert a dit : « L'intervention de l'État est certainement nécessaire et légitime dans un grand nombre de cas, mais je la condamne absolument en ce qui concerne la participation, où elle impliquerait nécessairement l'ingérence odieuse et tyrannique du Gouvernement dans les inventaires annuels de l'industrie privée. »

Les conclusions du rapport de M. E.-O. LAMI sont appuyées par plusieurs membres, et le Congrès vote la résolution suivante :

Le Congrès international est d'avis que l'État doit rester étranger aux conventions expresses ou tacites qui réglementent la participation des ouvriers et employés aux bénéfices.

Troisième Question.

Dans la mesure du possible et sous les réserves commandées dans certains cas, il conviendra, pour augmenter les garanties offertes aux bénéficiaires de la participation contractuelle, d'adopter des règles déterminées pour la confection de l'inventaire.

Rapporteur : M. Baille-Lemaire, fabricant de jumelles, membre du Conseil d'administration de la Société pour l'étude de la participation aux bénéfices.

Une des premières questions qu'on doit se poser, dit M. Baille-Lemaire, quand on veut établir la participation du personnel d'une industrie aux bénéfices, c'est celle qui consiste à définir d'une manière précise ce qu'on entend par bénéfice. Le bénéfice qui ressort de la comptabilité ordinaire ne comprend pas partout les mêmes éléments. Ainsi, quelques patrons prennent la dotation de la caisse de retraites de leur personnel sur les bénéfices annuels; d'autres la portent aux frais généraux, la considérant comme un amortissement social, analogue à l'amortissement de l'outillage. Le bénéfice n'est évidemment pas le même dans les deux hypothèses.

Dans un autre ordre d'idées, une industrie active et entreprenante conserve peu de réserves pécuniaires. Elle fait des approvisionnements, perfectionne l'outillage et les conditions du travail. Comment considérer ces dépenses? Les fera-t-on supporter par un seul exercice ou les amortira-t-on en plusieurs années? Les considérera-t-on comme un accroissement du capital et, dans ce cas, en reviendra-t-il quelque chose aux ouvriers? etc.

On ne peut donc énoncer de règles fixes. Il faut avoir soin de mettre au-dessus de toute atteinte l'autorité et la responsabilité du patron; puis, lorsque au bout de quelques années les questions les plus diverses auront été soulevées et résolues, certaines règles pourront être énoncées et serviront à résoudre toutes les difficultés analogues. Les comptes se présenteront alors parfaitement clairs et loyaux et permettront de définir nettement le total des bénéfices à distribuer et la part revenant à chacun.

M. Piat déclare également qu'il ne saurait y avoir de règle fixe. Les amortissements en particulier sont très variables. Dans la mécanique, le matériel est amorti relativement très vite, alors que, dans d'autres industries, on étend cette opération sur un assez grand nombre d'exercices.

La question est très approfondie par le Congrès. Le Congrès

la considère comme des plus délicates, parce que la crainte de l'ingérence du personnel dans les comptes peut éloigner les patrons de la participation aux bénéfices, et que, d'un autre côté, il est bon de donner cependant des garanties aux ouvriers. MM. Paul DELOMBRE, Alfred ENGEL, PIAT, BEUDIN, TROMBERT, CHAUMELIN, Omer DECUGIS échangent leurs observations sur ce sujet. M. GOFFINON expose les considérations que lui dicte sa longue expérience en matière de bilan et d'inventaire. Il ressort notamment de ces opinions que, dans l'intérêt de tous, le patron doit rester sans contestations le maître de ses amortissements.

M. Paul DELOMBRE résume la discussion, et le Congrès adopte la résolution suivante :

Dans la mesure du possible et sous les réserves commandées dans certains cas, il conviendra, pour augmenter les garanties offertes aux bénéficiaires de la participation contractuelle, d'adopter et d'énoncer des bases générales déterminées dans chaque maison pour la confection de l'inventaire.

Quatrième Question.

Il peut être juste et utile, dans la répartition des bénéfices, de créer des catégories soit d'après l'importance des fonctions des principaux employés, chefs de service ou contremaîtres, soit d'après l'ancienneté des services.

Rapporteur : M. Ch. TULEU, ancien élève de l'École polytechnique, fondeur en caractères, membre du Conseil d'administration de la Société pour l'étude pratique de la participation aux bénéfices.

M. TULEU fait remarquer combien il importe que, dans la répartition des bénéfices attribués au personnel, chacun reçoive autant que possible une part proportionnée à la valeur de ses services. Le patron s'appliquera donc à déterminer l'importance de tous les concours pour en faire la base de sa répartition, sans s'arrêter à la simple considération des salaires ou des appointements. Divers éléments doivent encore, en effet, être mis en ligne de compte : l'importance des fonctions, qui exerce une action spéciale sur la création des bénéfices; l'assiduité au travail qui, toutes choses égales d'ailleurs, augmente la production et diminue les frais généraux ; l'ancienneté, c'est-à-dire le bon exemple, la stabilité, la régularité.

Le Congrès apprécie, comme ils le méritent, les arguments si judicieux de M. Tuleu et vote la résolution suivante :

Il peut être juste et utile, dans la répartition des bénéfices, de tenir compte de divers éléments spéciaux, tels que l'importance des fonctions, l'assiduité, l'ancienneté des services.

SÉANCE DU LUNDI 16 JUILLET

(APRÈS-MIDI)

Présidence de M. E. GOFFINON,
assisté de M. Paul DELOMBRE

Ordre du jour. — Délibération sur les 5e, 6e, 7e, 8e et 10e questions.

M. Paul DELOMBRE présente à l'assemblée M. J.-J. Holyoake, « l'un des hommes, dit-il, qui se sont le plus occupés de participation aux bénéfices et de coopération dans le monde entier».

Sur l'invitation de M. le Président, M. HOLYOAKE prend place au bureau.

Cinquième Question.

Tous les modes d'emploi du produit de la participation sont légitimes, comme résultant d'une libre convention ; mais il est sage, surtout au début, de consacrer à l'épargne une partie, aussi forte que possible, du surcroît de rémunération que la répartition aux bénéfices rapporte au personnel.

Rapporteur : M. Albert PIAT, fondeur-constructeur, membre du Conseil d'administration de la Société pour l'étude pratique de la participation aux bénéfices.

M. PIAT rend un hommage ému à la mémoire de M. Charles Robert. Les questions 5 et 6, dit-il, sont de celles dont la solution tenait le plus à cœur à M. Charles Robert. Il estimait sûrement qu'il était inutile de soigner l'arbre, de le guider dans sa croissance, de lui donner enfin les soins les plus intelligents, si les fruits devaient plus tard être abandonnés au hasard.

Suivant le rapporteur, le patron qui distribue en espèces la part de bénéfice attribuée au personnel ne fait que la moitié de son devoir. Cette somme prend alors aux yeux de l'ouvrier le caractère d'une simple gratification, qui ne tarde pas à être dépensée et ne laisse aucune semence bienfaisante, profitable à la paix sociale. M. Piat est donc d'avis qu'il faut consacrer à l'épargne la plus grande somme possible de la part annuelle. Il est partisan du livret individuel se grossissant chaque année et constituant un patrimoine; ce livret qui, suivant l'heureuse expression de M. Alfred de Courcy, est l'équivalent, au point de vue moral, de « la parcelle de terre que le paysan foule d'un pied de propriétaire ».

C'est sans doute ce qu'a voulu la « Commission d'assurances et de prévoyance sociales », en votant récemment le principe de la capitalisation pour l'emploi des versements faits par les patrons et les ouvriers à la caisse des retraites.

M. LE PRÉSIDENT complimente M. Piat pour la clarté et la belle ordonnance de son rapport.

Sur la proposition de M. CHAUMELIN, chef d'exploitation de la Compagnie du Canal de Suez, on remplace, dans la proposition de résolution, les mots « mais il est sage, surtout au début » par les mots « mais il est toujours sage, surtout au début ».

M. Omer DECUGIS, négociant, demande un complément d'explication sur cette mise à la réserve d'une partie des allocations individuelles.

M. Paul DELOMBRE. — J'ai constitué, par exemple, une participation aux bénéfices qui se traduit par des parts individuelles de 80 francs, 100 francs, 150 francs. Les participants reçoivent ces sommes en espèces et en font ce que bon leur semble. Est-ce bien? Oui, sans doute; mais ne pourrait-on faire mieux? Les conventions librement débattues ne devraient-elles pas tendre à un résultat et à des droits plus durables? Alors nous disons qu'il serait à souhaiter que l'on constituât, à l'aide de ce prélèvement sur les bénéfices, un capital à l'intéressé. En formant ce capital, en accumulant les produits de la participation, vous développez la sécurité du personnel en ce qui concerne l'avenir, et vous attirez une masse nouvelle d'intéressés qui, dans leur solidarité avec le monde patronal et par le développement de la propriété individuelle, vont fortifier l'harmonie sociale.

La résolution est votée dans les termes suivants :

Tous les modes d'emploi du produit de la participation sont légitimes, comme résultant d'une libre convention; mais il est toujours sage, surtout au début, de consacrer à l'épargne une partie, aussi forte que possible, du surcroît de rémunération que la participation aux bénéfices rapporte au personnel.

Sixième Question.

La capitalisation sur livrets individuels, formant un patrimoine transmissible à la famille, est préférable aux rentes viagères.

Rapporteur : M. Albert PIAT, fondeur-constructeur, membre du Conseil d'administration de la Société pour l'étude pratique de la participation aux bénéfices.

La pente naturelle du raisonnement conduit le rapporteur à la conclusion énoncée ci-dessus. Il constate d'ailleurs que l'ouvrier, alors même qu'on le laisse libre de demander le capital réservé ou le capital aliéné pour les versements à faire sur son livret, opte presque toujours pour le capital réservé, afin que les siens retrouvent un jour le précieux pécule. Le rapporteur n'a donc qu'à demander au Congrès d'appuyer un mode de procéder qui a déjà généralement cours.

M. GUEY, président de l'Union syndicale des employés et représentants de commerce parisiens, exprime très chaudement son approbation.

M. Paul DELOMBRE appuie sur « l'instinct populaire » qui porte la famille ouvrière à préférer le capital réservé au capital aliéné. On a voulu récemment constituer, pour le personnel d'un réseau d'État, des retraites à capital aliéné : cela coûte moins cher et produit de plus fortes retraites. On s'est heurté à une grande résistance. Tous ces braves gens, qui n'ont pas fait d'études d'économie sociale, mais qui puisent leur raison dans leur cœur et dans le sentiment de la famille, ont considéré que c'était un recul et ont demandé, au contraire, que le capital fût réservé à la famille. « Je crois, ajoute M. Delombre, qu'il en est de même dans les autres pays. Je suis persuadé que, dans notre civilisation moderne, c'est la famille qui est toujours la cellule sociale, et que toutes les fois que, par la participation aux bénéfices notamment, on réussira à consolider cette cellule, on aura fait œuvre de progrès, de justice et de paix sociale. »

M. Goffinon fait un intéressant exposé des principes qu'il a personnellement appliqués d'abord dans son ancienne maison industrielle, où il a donné en espèces la moitié des parts, et capitalisé l'autre moitié sur livrets individuels, ensuite dans deux autres entreprises, dont une exploitation agricole du Bordelais, où il a mis la totalité des parts à l'épargne. Toutefois pour les sommes revenant aux participants agricoles, il n'a pas adopté le livret individuel, en raison de la situation spéciale de ces travailleurs, qui sont des petits propriétaires du voisinage. Il a fait de ses répartitions un instrument de crédit, les intéressés les recevant sous la forme de titres de rentes qu'ils ont la faculté de déposer à la succursale de la Banque de France en garantie d'emprunts. On sait combien la question du crédit agricole préoccupe les esprits. M. Goffinon a essayé cette solution partielle dans le modeste milieu dont il s'agit et s'en trouve bien.

M. Trombert. — A l'Imprimerie Chaix, on a, pendant vingt ans, payé en espèces le tiers des parts annuelles et capitalisé sur livrets les deux autres tiers. Depuis 1895, on verse l'intégralité des parts à la Caisse des retraites sur comptes individuels, à capital réservé, en vue d'augmenter les ressources des vieux jours et avec l'assentiment des intéressés. Il y a eu là une évolution qu'il est également intéressant de noter.

M. Omer Decugis trouve qu'il serait excessif de poser en principe que le produit de la participation doit être entièrement épargné. Voilà un ouvrier chargé de famille ; il a des besoins d'argent et ne peut y faire face malgré une somme de 1.000, de 2.000 ou de 3.000 francs qu'il possède et à laquelle il ne peut toucher.

M. Goffinon répond que, dans bon nombre de maisons, le cas est prévu. On fait aux ouvriers qui se trouvent dans le besoin des prêts à faible intérêt, qui sont garantis par la somme inscrite à leurs comptes d'épargne.

MM. Delombre et Laroche-Joubert font remarquer que le Congrès s'écarte de la question. Il s'agit, en effet, simplement de se prononcer en faveur du patrimoine ou de la rente viagère.

Le Congrès adopte sans modification la résolution qui lui a été proposée, à savoir :

La capitalisation sur livrets individuels, formant un patrimoine transmissible à la famille, est préférable aux rentes viagères.

Septième Question.

Si le produit de la participation doit être consacré à une assurance Vie, l'assurance mixte est préférable à toute autre.

Rapporteur : M. le comte H. de Montferrand, ancien inspecteur des Finances, directeur de la Compagnie d'assurances l'*Union (Vie)*.

Le rapporteur expose tous les avantages de l'assurance mixte. Elle donne à l'assuré une double sécurité, en garantissant à sa famille une ressource pour le cas où il viendrait prématurément à disparaître, et à lui-même un capital pour les vieux jours s'il arrive jusqu'à l'âge de la retraite.

L'argumentation précise et claire du rapporteur, très compétent en cette matière, est fort appréciée de l'Assemblée, qui vote la résolution dans les termes mêmes de l'énoncé de la question.

Huitième Question.

Les retraites et rentes viagères constituées doivent toutes se rapporter à des tarifs établis d'après des tables de mortalité.

Rapporteur : M. le comte de Montferrand, ancien inspecteur des Finances, directeur de la Compagnie d'assurances l'*Union (Vie)*.

Le rapporteur insiste d'abord sur cette vérité, pendant trop longtemps méconnue, que les sociétés patronales de retraites doivent se conformer à des règles analogues à celles qui sont suivies par les compagnies d'assurances, et que le service des pensions doit être établi sur des bases scientifiques. Toute caisse de retraite qui se forme doit, avant tout, se préoccuper d'évaluer la valeur exacte de ses engagements pour y proportionner ses ressources ou pour réduire l'importance de ces engagements aux ressources dont elle pourra disposer. Cette opération n'est possible qu'au moyen de tables de mortalité combinées avec le jeu d'un amortissement rationnel. Si, dès l'origine, on eût été pénétré de cette vérité, combien de fâcheuses expériences eussent pu être évitées ! Le rapporteur cite les exemples de l'État, des grandes compagnies de chemins de fer, des compagnies minières, etc., qui, en raison de l'insuffisance des prévisions, ont dû faire des sacrifices considérables pour rétablir l'équilibre. De plus, combien d'autres sociétés moins riches, incapables de supporter le faix de leurs engagements, ont été forcées de les réduire ou de les modifier par voie d'arbitrage. Il y a même eu des cas, bien plus rares heureusement, où des liquidations désastreuses ont totalement dépouillé les employés.

Le rapporteur reconnaît cependant qu'aujourd'hui la majorité des intéressés paraît être en mesure de faire face aux nécessités de la situation et qu'une amélioration prochaine ne tardera pas à se produire. La loi de 1895, inspirée par les circonstances, a donné des garanties à la situation des employés en stipulant que les fonds acquis aux caisses de retraites étaient privilégiés : elle ne pouvait, toutefois, avoir pour effet de rendre les sommes amassées équivalentes aux charges éventuelles ; car vouloir forcer brusquement les sociétés à compléter leurs fonds de retraite était une mesure aussi contestable qu'impraticable. Une période de transition était à prévoir. Le regretté Charles Robert et M. Cheysson ont donné à ce sujet de sages conseils, qui ont prévalu.

Le rapporteur conclut donc en repoussant toute intervention

intempestive de l'État dans cet ordre d'idées, mais en proclamant encore une fois la nécessité absolue, pour tous les intéressés, de dresser des bilans de leur situation et de les établir d'après les lois de la mortalité et le taux normal des placements.

M. Boissière, entrepreneur de couverture et de plomberie, demande qu'on lui indique des tables de mortalité.

M. Paul Delombre, dans un exposé brillant, montre combien il est, en effet, essentiel d'appeler l'attention du monde du travail sur la nécessité absolue de mettre en regard des engagements les ressources correspondantes. Les tables sont en ce moment revisées. Suivant un actuaire éminent, M. Guieysse, tout un travail de refonte est à faire. Le Congrès ne serait donc pas suffisamment renseigné pour indiquer les tables de mortalité auxquelles il faudrait se reporter. Nous ne pouvons qu'indiquer qu'il faut tenir compte des meilleures tables. En ajoutant qu'il est nécessaire de se baser sur le taux normal ou réel des placements, nous aurons complété d'une manière efficace la huitième résolution.

M. Paul Delombre relit le passage du rapport relatif aux retraites servies par l'État. Il revient sur un passage du rapport de M. Piat (5e question), qui mentionne le vote, par la Commission d'assurance et de prévoyance sociales, du principe de la capitalisation pour l'emploi des versements à la Caisse de retraites. M. Delombre fait remarquer, à ce propos, que, s'il est facile de conseiller la capitalisation, la mise en réserve de sommes qui correspondent aux droits des individus, par contre, dans le cas où l'État voudrait assurer à chaque vieux travailleur une rente, fût-elle seulement de 360 francs par an, on arriverait par ce système à un nombre de milliards tellement considérable qu'on se demande s'il est bon que l'État soit possesseur d'une telle masse de capitaux. La capitalisation serait-elle même indéfiniment possible? Les conclusions des rapports visent évidemment les sociétés; mais ce qui est bon pour les particuliers ou les sociétés privées resterait-il applicable et ne deviendrait-il point périlleux pour l'État? C'est pourquoi M. Delombre fait des réserves au sujet de ces deux paragraphes des rapports sur les cinquième et huitième questions.

M. CHAUMELIN dit qu'il serait sage de ne pas s'engager pour un chiffre déterminé de retraite et de verser simplement, chaque année, à la Caisse de retraites, la somme qu'on peut consacrer à cette institution. Il y a un taux de placement d'après lequel la rente est calculée, et à chaque versement on sait à quelle somme se montera la retraite correspondante à l'âge stipulé. Dans ces conditions, la situation est toujours précise et on ne promet pas plus qu'on ne peut tenir.

M. LAROCHE-JOUBERT présente un projet de résolution qui est adopté dans les termes suivants, après l'introduction de deux modifications proposées par MM. MERLIN et CHAUMELIN :

Si le produit de la participation doit être consacré à des retraites ou à des rentes viagères, le calcul devra tenir compte des tables de mortalité les plus récentes et du taux réel de placement.

Dixième Question.

Dans les établissements où la répartition entre tous ne donnerait à chacun qu'une faible somme, et où le personnel est stable, la participation collective affectée à des services de mutualité, de secours, d'instruction ou à des avances pour maisons ouvrières, est préférable, en principe, à la participation individuelle.

Rapporteur : M. Alfred ENGEL, ancien manufacturier, administrateur de la maison Dollfus-Mieg et Cⁱᵉ, vice-président de la Société industrielle de Mulhouse.

La participation collective, telle que la comprend le rapporteur, correspond à la proportion du supplément de salaire dont l'emploi doit être réservé à la prévoyance. Elle est d'autant plus recommandable que, dans les nombreux établissements où la répartition entre tous ne donnerait à chacun qu'une faible somme, la participation directe ou individuelle est plus difficile à mettre en pratique.

Dans quelle mesure cette participation collective doit-elle être introduite pour rendre les services qu'on en attend? M. Engel-Dollfus, dans un rapport qu'il adressait il y a vingt ans au Comité d'utilité publique de la Société industrielle de Mulhouse, l'estimait à 10 o/o des salaires annuels, qu'il subdivisait comme suit : 1 o/o pour les institutions en faveur de l'enfance, 1 o/o pour le logement, 4 o/o pour les secours en cas de maladie, 1/2 o/o pour les femmes en couches, 1/2 o/o pour l'assurance contre les accidents, 3 o/o pour les pensions de retraite.

Le rapporteur fait un exposé du plus haut intérêt sur l'application de ce régime, depuis de nombreuses années, dans un établissement où les salaires annuels s'élèvent à environ 2.200.000 francs. Là, les 10 o/o indiqués par la théorie se retrouvent exactement dans la pratique, 7,40 o/o sont à la charge du patron et 2,60 o/o incombent aux ouvriers.

M. Laroche-Joubert rend un chaleureux hommage à l'établissement dont il s'agit, où règne un admirable esprit de patronage et dont l'exemple a été fécond à de nombreux titres.

Il ne peut s'empêcher cependant d'objecter qu'un pareil régime ne repose pas sur le principe de la participation aux bénéfices.

MM. Tuleu, Chaumelin et Beudin échangent avec M. Laroche-Joubert des observations sur le caractère et l'influence de la participation collective.

M. Trombert rappelle que la *Société pour l'étude pratique de la participation aux bénéfices* a toujours rangé parmi les entreprises qui pratiquent la participation les maisons où les prélèvements annuels, au lieu de se traduire en parts individuelles, alimentent un fonds collectif de prévoyance. L'établissement dont a parlé M. Alfred Engel doit d'autant plus être considéré comme appliquant réellement le régime de la participation aux bénéfices, que le quantum de la part attribuée au personnel sur les résultats annuels est bien déterminé d'avance ; seulement il n'est pas divulgué.

M. Paul Delombre résume la discussion et propose le projet de résolution suivant, qui est adopté :

Dans les établissements où la répartition entre tous ne donnerait à chacun qu'une faible somme, et où le personnel est stable, la participation collective affectée à des services d'intérêts communs aux participants est préférable, en principe, à la répartition individuelle.

SÉANCE DU MARDI 17 JUILLET

(MATIN)

PRÉSIDENCE DE M. E. LEVASSEUR

ASSISTÉ DE M. PAUL DELOMBRE ET DE M. ALFRED ENGEL

Ordre du jour. — Délibération sur les 9ᵉ, 15ᵉ, 19ᵉ et 20ᵉ questions.

Neuvième Question.

*Le produit de la participation peut être très utilement employé à sti-
muler l'épargne individuelle ou à faire des avances aux ouvriers
pour leur faciliter l'acquisition, par annuités, d'une maison.*

Rapporteur : M. Auguste LALANCE, administrateur de la Société
anonyme d'éclairage du secteur de la place Clichy, membre du
Conseil d'administration de la Société pour l'étude de la participation aux bénéfices.

M. Auguste LALANCE. — Lorsque, dans une usine, il y a un
grand nombre d'ouvriers et peu de bénéfices, les parts individuelles peuvent être illusoires. Il faut, dès lors, chercher le
meilleur emploi possible de ces sommes. Par exemple, la constitution d'un fonds destiné à majorer les intérêts d'épargnes
ouvrières, en vue de stimuler l'esprit de prévoyance du personnel, a donné, dans certaines maisons, d'excellents résultats.

Il faut d'abord poser en principe que tout travailleur peut
prélever une part de son salaire pour se constituer un capital.

Dans les caisses privées d'épargne instituées pour le personnel
des usines dont parle le rapporteur, on accepte toutes les
sommes depuis 10 centimes. Les intérêts annuels alloués sont
les suivants : jusqu'à 50 francs de dépôt, 12 0/0; de 50 à
100 francs, 11 0/0; de 100 à 150 francs, 10 0/0; de 150 à
200 francs, 9 0/0, etc. L'intérêt le plus bas est de 4 0/0 pour
les sommes dépassant 400 francs. Dans l'épargne, c'est le com-
mencement qui est difficile; une fois qu'il voit sur son livret
une petite somme, l'ouvrier s'efforce volontiers de l'augmenter,
et l'attrait d'un gros intérêt est un stimulant efficace.

Le rapporteur cite l'exemple de la maison Schæffer, Lalance et Cie, de Pfastatt (Alsace). Indépendamment de la participation individuelle, qui y existe sur une large base, on a trouvé avantageux de créer, dans cette maison, une caisse d'épargne sur les bases qui viennent d'être indiquées. Celle-ci, a reçu, en dix-neuf ans, 593.000 francs; les intérêts bonifiés se sont élevés à 44.000 francs. Il ne restait, en réalité, dans la caisse au 1er janvier 1900, que 96.000 francs; mais les 541.000 francs de retraits ont été en très grande partie employés à l'achat de maisons ou de champs.

On voit que le sacrifice de la maison a été peu de chose en présence des résultats obtenus. Dans la participation ordinaire, une épargne de 100 francs représente un sacrifice de 100 francs fait par le patron; dans le système exposé par le rapporteur, ces 100 francs d'épargne créés pour l'ouvrier ne représentent qu'un don de 10 francs du patron.

Sur une observation de M. Paul DELOMBRE, M. LALANCE reconnaît que l'exemple cité ne constitue pas réellement une participation aux bénéfices; mais c'est bien sur les bénéfices que la maison prélève le sacrifice au moyen duquel elle améliore l'intérêt.

M. TULEU fait remarquer qu'il s'agit là d'une participation collective employée à subventionner la caisse d'épargne; elle fonctionne, d'ailleurs, parallèlement avec une participation individuelle.

M. LALANCE insiste sur le côté moral de l'exemple. Pendant dix-neuf ans, les ouvriers d'un établissement ont déposé près de 600.000 francs; on leur a payé 44.000 francs, représentant peut-être le double de l'intérêt ordinaire. Eh bien! avec cette petite charge de 22.000 francs, on est arrivé à faire économiser près de 600.000 francs, à soustraire au cabaret cette précieuse ressource.

M. LE PRÉSIDENT. — L'institution, en effet, est excellente. Dans les conditions où elle fonctionne, c'est un très bel exemple de patronage.

La résolution est adoptée dans les termes du libellé de la question.

Quinzième Question.

*En ce qui concerne la pêche maritime, il y a intérêt à conserver le sys-
tème de la navigation à la part, qui maintient le niveau moral et
professionnel dans les familles des pêcheurs ; en outre, là où s'est
introduite la navigation au mois, il importe de combiner le salaire
fixe avec l'attribution d'une part prélevée sur le produit de la pêche.*

Rapporteur : M. le comte DE SEILHAC, délégué permanent du
Musée social, secrétaire du groupe de l'Économie sociale à
l'Exposition universelle de 1900.

M. DE SEILHAC. — Jadis, tous les marins étaient à la part, ven-
daient assez bien leur poisson et pouvaient espérer devenir
patrons de barques. Aujourd'hui, ce petit pêcheur *côtier* tend à
disparaître. Il fait place, dans la plupart des ports, au pêcheur
hauturier, salarié par un armateur, favorisé de meilleurs engins
de pêche et allant exercer son industrie dans des fonds poisson-
neux et, pour ainsi dire, inépuisables.

De *coopérateurs*, les marins devaient devenir *salariés*. Deux
inventions ont favorisé cette évolution : 1° les filets de coton
remplaçant l'antique et lourd filet de chanvre. (Il en coûtait aux
pêcheurs de mettre au rebut leurs vieux filets pour les remplacer
par d'autres, *qu'ils ne pouvaient fabriquer eux-mêmes.* D'ailleurs,
les armateurs étaient seuls capables de supporter cette lourde
dépense) ; 2° l'application de la vapeur au treuil dont on se ser-
vait pour relever les filets. Les armateurs, qui, jusque-là,
n'étaient que les *écoreurs*, c'est-à-dire les banquiers des pêcheurs,
firent construire des bateaux munis de cabestans à vapeur et de
filets de coton. Les meilleurs marins n'hésitèrent pas à vendre
leurs anciens filets et leurs vieux bateaux pour s'embarquer sur
les bateaux des *écoreurs*, moyennant un salaire de 150 francs par
mois. L'évolution s'est rapidement accentuée et de 150 francs par
mois, les salaires sont tombés à 90, à 80 et même à 70 francs
en même temps que la situation du pêcheur à la part baissait
d'une façon encore plus désastreuse. De nouveaux progrès se
sont réalisés dans l'industrie de la pêche, notamment par l'utili-
sation de la vapeur pour la marche du bateau. Le pêcheur ne

saurait lutter contre cette concurrence et la machine aura le dernier mot.

Pour améliorer le sort des marins embarqués, un seul moyen se présente : la participation aux bénéfices. Elle est déjà pratiquée sur de nombreux bateaux à vapeur, en particulier sur les chalutiers. A Dieppe, par exemple, tous les hommes des chalutiers à vapeur reçoivent un salaire fixe, auquel vient s'ajouter un pourcentage sur le prix net du poisson pêché. Aussi s'intéressent-ils vivement au succès de la pêche.

Mais le rapporteur se demande si la participation ne peut être poussée plus loin. Les matelots qui pêchent sur les vapeurs sont l'élite de la population maritime. Pourquoi ne pourraient-ils pas reprendre par la coopération la possession du bateau, non plus la possession d'un canot insuffisant, mais la possession d'un bateau à vapeur agencé avec tous les perfectionnements apportés pour la pêche côtière? Pour cela ils devraient économiser sur leur part de bénéfice et peut-être faire appel à des capitaux : ce serait évidemment une œuvre de longue haleine.

M. Buisson est très sympathique aux conclusions de M. de Seilhac ; mais il en connaît les inconvénients. Pour la population dont il s'agit, la participation est préférable à la coopération. La participation est l'école de la coopération ; mais chaque fois que la coopération devra s'appliquer à des gens d'un niveau intellectuel comme celui de nos naïfs pêcheurs, il vaut mieux s'employer à les doter de la participation, pour améliorer leur situation, que de leur conseiller la coopération.

M. Paine Gilman dit qu'en Amérique l'organisation de la participation aux bénéfices pour les pêcheurs est la coutume générale.

M. le Président propose de voter la résolution qui est soumise au Congrès en y introduisant une addition relative aux perfectionnements des engins de pêche. Cette résolution est dès lors adoptée dans les termes suivants :

En ce qui concerne la pêche maritime, il y a intérêt à conserver le système de navigation à la part, en l'accommodant aux engins nouveaux de pêche, car il maintient le niveau moral et professionnel dans les familles de pêcheurs ; en outre, là où s'est introduite la navigation au mois, *il importe de combiner le salaire fixe avec l'attribution d'une part prélevée sur le produit de la pêche.*

Dix-neuvième Question.

Quels sont les principaux avantages économiques et sociaux de métayage?

Rapporteur : M. Roger MERLIN, avocat, membre du Conseil d'administration de la Société pour l'étude pratique de la participation aux bénéfices.

La participation aux bénéfices est une variété du contrat de louage d'ouvrage. Pourquoi la rapproche-t-on du métayage, contrat de louage de propriété dans lequel n'apparaît aucun salaire ? C'est que l'ouvrier, dans la participation, et le preneur, dans le métayage, ont chacun intérêt à faire le plus d'ouvrage possible et de la meilleure qualité.

Le rapporteur donne, d'une manière très documentée, la définition juridique et économique du métayage. Il expose ensuite les conditions générales actuelles du contrat. Cette étude l'amène naturellement à énumérer les avantages économiques et sociaux de ce régime.

Au point de vue du meilleur rendement d'une terre donnée, rien ne vaut le faire-valoir direct, quand, au travail du propriétaire lui-même et de sa famille, viennent s'ajouter l'intelligence et les capitaux appliqués aux meilleures méthodes. En dehors du faire-valoir direct, le propriétaire a le choix entre le fermage et le métayage. Le fermage est un contrat très limité dans ses applications : le propriétaire reçoit une somme d'argent, le fermier cultive et perçoit les produits. Mais il cultive sans grand souci de l'avenir de sa terre, en ruinant souvent l'avenir au profit du présent. Nul lien entre les deux contractants; ce sont plutôt deux adversaires que deux associés : l'un ayant intérêt à augmenter le loyer, l'autre à le réduire. Le métayage, au contraire, se prête avec une souplesse infinie à toutes les conditions qu'on veut lui imposer : partage dans toutes les proportions et pouvant varier suivant la nature de la denrée à récolter; améliorations foncières dont profitent les deux parties, etc.

En examinant la question au point de vue économique, on constate que le métayage a résisté vaillamment et beaucoup mieux que le fermage à la crise agricole de 1880 et des années suivantes, en raison de la communauté des intérêts du propriétaire et du métayer, qui ont uni leurs efforts et lutté avec acharnement. Le métayage échappe à la hausse des salaires, le travail se faisant en famille, sauf au moment des récoltes. En outre, comme le métayer fournit en nature la part du propriétaire, il n'a pas besoin de réaliser cette part en argent; dès lors, il a beaucoup moins souffert que le fermier de la diminution vénale des produits agricoles.

Le rapporteur parle ensuite de la valeur sociale du métayage. Il y a, disait déjà M. de Gasparin, dans le principe du partage des produits entre le travailleur et le capitaliste, une vertu secrète qui s'adapte merveilleusement aux faiblesses de la nature humaine, qui fait taire la jalousie et la cupidité... Courir ensemble les mêmes chances, craindre les mêmes fléaux, se réjouir des mêmes événements, pleurer les mêmes pertes, c'est établir une confraternité qui ne laisse pas prise aux mauvaises passions. Le métayage, ajoute le rapporteur, permet le développement d'un patronage bienveillant et d'une salutaire influence morale du propriétaire sur le métayer. La surveillance du métayer, obligeant le propriétaire à résider sur ses terres, remédie à l'absentéisme que déplorent les économistes et les moralistes. Le rapporteur aborde également la question de la population ; le métayer a intérêt à avoir beaucoup d'enfants pour s'épargner l'embauchage de salariés. Il est à remarquer enfin qu'avec le métayage la question irritante des salaires n'est pas à soulever.

M. Buisson est d'un pays où le métayage est très en honneur. Le métayage, dit-il, est une excellente chose; malheureusement, nous sommes en retard en France en ce qui concerne les instruments de production. Dans le pays dont parle M. Buisson, le métayer n'applique aucun des progrès; d'un autre côté, le propriétaire, qui vit de peu, ne pousse pas à la production. C'est à peine si on commence à se servir des engrais chimiques.

M. Merlin est d'accord avec M. Buisson en ce qui concerne

l'opportunité de diriger le métayer vers le progrès agricole. Il a rédigé dans cet esprit le projet de résolution.

M. LE PRÉSIDENT. — Dans le Limousin et dans le centre de la France, en général, le métayage a laissé, en effet, l'agriculture pauvre et routinière; dans d'autres régions, les propriétaires ont été plus intelligents. Le bétail angevin, notamment, s'est amélioré notablement grâce à une habile direction des propriétaires.

Suivant M. le Président, partout où il y a des fermiers ayant des capitaux, le fermage l'emporte. Dans la Beauce, dans la Brie, dans le Nord, le métayage existe peu. Le sud et le centre de la France sont surtout des régions à métayage, en même temps qu'ils sont des régions à culture pauvre.

Sur les terres de Brie, de Beauce, sur certaines terres de Normandie, il s'est fait des épargnes qui ont constitué des capitaux grâce auxquels on a introduit dans la culture des progrès plus que ne peut le faire l'état stationnaire de métayage.

Le contrat de métayage a sa raison d'être et nous devons l'approuver là où il est pratique, parce qu'il est difficile de trouver autre chose; mais là où le capital est assez développé pour qu'il y ait un autre mode d'amodiation, M. le Président préfère l'autre mode d'amodiation, parce qu'il donne à la société et à l'exploitant un revenu plus considérable.

M. Paul DELOMBRE propose la résolution suivante, qui est adoptée :

Le métayage peut être recommandé dans certaines régions et dans certains cas, au double point de vue économique et social, si le propriétaire réside la plus grande partie de l'année sur ses terres; s'il prend l'initiative et donne l'exemple des progrès agricoles, et si le métayer accepte cette direction, profitable à l'intérêt commun.

Vingtième Question.

Avantages des Comités d'employés et d'ouvriers appelés, dans un certain nombre de maisons, à délibérer avec la direction sur la gestion des institutions alimentées par la participation aux bénéfices, ou, sous le nom de Conseil d'usine, à donner leur avis sur les questions intéressant la marche même de l'entreprise.

Quelles conditions essentielles sont à observer pour que ces Comités ou Conseils ne créent pas d'entraves à l'exercice de l'autorité patronale?

Rapporteur : M. BEUDIN, ancien associé de la maison Leclaire (Redouly, Valmé et Cie), membre du Conseil supérieur du travail.

Suivant le rapporteur il y a avantage pour les maisons qui pratiquent la participation aux bénéfices d'avoir des comités composés d'ouvriers et d'employés dont la mission est de s'occuper en commun des affaires de la maison. Il y a plus de ressources dans plusieurs intelligences que dans une seule. L'expérience a démontré combien certains ouvriers et employés investis d'une part de direction font preuve de sagesse et de pondération. Que de prudents avis ont été ainsi donnés par ces modestes et précieux collaborateurs. L'ouvrier est, en effet, plein de bon sens, et si, dans les réunions publiques, dans les cercles d'études, dans les bourses de travail on discute bruyamment, ce bruit, ce chaos d'idées mal exprimées représentent, en somme, le morceau de charbon qui contient le diamant.

En constituant ces comités ou conseils d'usine, on familiarise peu à peu les ouvriers avec l'administration des affaires, on les initie aux difficultés qu'ils ignorent. C'est une école d'expérience où ils constatent qu'il est bien plus facile d'obéir que de commander. Cette collaboration, enfin, élève le travailleur et développe en lui le sentiment de la dignité.

Mais il y a des conditions à observer en ce qui concerne les pouvoirs à donner à ces comités. Il faut d'abord que les droits et les devoirs soient clairement et nettement déterminés et n'empiètent jamais sur l'autorité patronale. Les membres des comités peuvent être élus par leurs pairs, d'une part, et choisis par la direction d'autre part; au point de vue disciplinaire, ils doivent donner leur avis sur les fautes commises, mais, dans aucun cas, ils ne sauraient avoir le pouvoir de renvoyer un ouvrier ou un employé. Il en est de même pour le recrutement du personnel.

En ce qui concerne leur ingérence dans les affaires proprement dites, les comités ne peuvent être que consultatifs. L'opinion du rapporteur, qui s'appuie sur une longue expérience, est très nette sur ce point. Les comités peuvent être consultés avec fruit sur les questions techniques, sur les améliorations à apporter dans l'outillage, sur l'économie des matières, sur les règlements d'ateliers, etc.; ils doivent absolument être laissés en dehors d'autres opérations, notamment des traités et marchés à passer avec la clientèle et les fournisseurs.

M. BUISSON est d'avis que dans toute maison où l'on fait de la participation aux bénéfices, on institue un comité du travail. Mais les attributions de ce comité constituent une chose très délicate. Dans aucun cas, on ne doit sortir du domaine consultatif. Il ne faut pas mettre entre les mains des ouvriers une arme dont ils ne savent pas se servir. Il est bon et utile de leur demander leur manière de voir sur les questions qui intéressent le travail; mais, en ce qui concerne l'administration, l'acceptation ou le renvoi du personnel, ils ne doivent avoir aucun droit.

M. BEUDIN est bien d'accord avec son collègue.

M. GOFFINON partage également cette manière de voir; mais il n'est pas partisan de l'élection pour la constitution des comités consultatifs. Le comité qu'il a institué dans son ancienne maison industrielle n'est composé que des plus anciens. Voilà trente-deux ans qu'il fonctionne à sa satisfaction.

M. TROMBERT. — A l'Imprimerie Chaix, le comité consultatif est composé des chefs de services, des contremaitres et d'un certain nombre d'anciens ouvriers et ouvrières.

M. TULEU est d'avis également que le comité ne doit être que consultatif. En ce qui concerne sa composition, il cite l'exemple du conseil de la très ancienne « Caisse de l'Atelier » de sa Maison. Ce conseil fonctionne depuis cinquante ans, avec des membres élus par lui. Les désaccords ont toujours été tranchés amiablement. En ne prenant que l'ancienneté, il est à craindre qu'il n'entre des gens qui, tout en étant très dévoués, ne se montrent un peu mous et hésitent à dire toute la vérité. Comme patron, M. Tuleu a entendu, dans le conseil, des vérités que ses chefs de service ne lui auraient pas dites.

M. Paul DELOMBRE fait remarquer que la résolution à voter

comprend deux parties distinctes : une question de principe et une question d'application.

Pour la première partie, il propose la rédaction suivante, qui est adoptée :

Il est désirable que les maisons pratiquant le système de la participation aux bénéfices soient pourvues d'un Comité consultatif de conciliation, dont les pouvoirs, clairement et nettement déterminés laissent absolument intacte l'autorité de la direction ou du patron.

Pour la deuxième partie, le Congrès vote également la proposition de M. DELOMBRE, ainsi libellée :

Ce Comité consultatif, composé d'ouvriers et d'employés désignés par le patron, admis de droit en raison de leurs fonctions ou de leur ancienneté, ou élus par le personnel, doit être présidé par la direction ou par le patron.

SÉANCE DU MARDI 17 JUILLET

(APRÈS-MIDI)

PRÉSIDENCE DE M. BEUDIN, ASSISTÉ DE M. DELOMBRE ET DE M. TULEU.

Ordre du jour. — Délibération sur les 11e, 12e, 13e, 16e et 17e questions.

Onzième Question.

Le contrôle des comptes par un arbitre-expert, nommé chaque année en assemblée générale par les participants pour l'année suivante, donne toute sécurité aux participants comme au chef de maison.

Rapporteur : M. E. GOFFINON, vice-président de la Société pour l'étude pratique de la participation aux bénéfices.

Le rapporteur s'est d'abord rendu compte si les maisons signalées au Congrès de 1889 comme pratiquant le contrôle des comptes par arbitre-expert s'étaient bien trouvées de ce régime pendant les onze ans qui se sont écoulés depuis, et si de nouveaux exemples s'étaient produits. Il résulte de son enquête que le contrôle des comptes par arbitre-expert n'a pas cessé de fonctionner dans les établissements dont il s'agit; qu'il n'a donné lieu à. aucun incident; mais qu'aucun nouvel exemple n'est à signaler.

M. Goffinon cite l'opinion de M. Charles Robert qui considérait comme très dangereux pour l'avenir de la participation aux bénéfices toute ingérence des employés et des ouvriers dans les comptes. Le contrôle par arbitre-expert écarte ce danger. Le rapporteur s'étend ensuite, avec sa compétence connue, sur les avantages nombreux d'une comptabilité bien tenue, qui n'est pas seulement la base de toute répartition de bénéfices, mais qui instruit sans cesse le chef de la maison sur la situation de ses affaires.

Sur la demande de M. Omer Décugis, M. Goffinon explique comment fonctionne l'arbitre-expert dans deux maisons appartenant à l'industrie du bâtiment. La première a choisi un architecte-expert. Depuis quatorze ans, il est renommé à l'unanimité, chaque année, par les participants. L'expert examine les écritures et fait au personnel la déclaration suivante : « J'ai vu les comptes et les amortissements, contrôlé les frais généraux, vérifié le capital engagé. Conformément à la clause des statuts, j'ai reconnu que la part promise vous est versée ». Il ne doit pas dire davantage. Dans la deuxième entreprise, les ouvriers ont choisi la personne qui avait aidé le patron à organiser chez lui la participation. C'était un ancien expert, mais un confrère, un concurrent. Depuis douze ans il vérifie les comptes et cela se passe bien.

M. Buisson. — Le contrôle des comptes est la question difficile de la participation aux bénéfices. Le contrôle donne confiance et sécurité au personnel. Or, effectué par le personnel lui-même, il constituerait une ingérence inadmissible. Il n'y a donc que le moyen de l'expert-arbitre.

M. Cheysson a des préoccupations en ce qui concerne les divergences de vues qui peuvent se produire entre le patron et l'expert-arbitre, pour la rédaction du bilan. Certains éléments du bilan, desquels résulte précisément le bénéfice, sont les conséquences d'appréciations délicates et, dans une certaine mesure, discrétionnaires. Si un chef de maison est prudent et timoré, il majorera les réserves et les amortissements; il dépréciera la matière première et les produits en magasin. Pour le bilan dressé dans ces conditions, avec le sentiment de la lourde responsabilité qui pèse sur le patron, dont la fortune et l'honneur sont en jeu, y aura-t-il communauté d'idées et identité de conclusions entre le patron et l'expert? Ce dernier ne trouvera-t-il pas, peut-être, que la prudence du patron est exagérée, que le bénéfice annuel est inférieur à la réalité et que, dès lors, elle porte préjudice aux droits des participants? S'il y a conflit, comment le départagera-t-on?

Sur la réponse de M. Buisson que le bénéfice ainsi réservé se retrouvera l'année suivante, M. Cheysson fait remarquer que les mêmes ouvriers peuvent ne pas être tous là l'année suivante. Cette question constitue une grosse difficulté dans certaines Sociétés, où les actionnaires préfèrent des dividendes immédiats à la politique prudente des fortes réserves.

M. Buisson. — Le patron peut répondre par de nombreuses considérations puisées dans le sentiment de sa responsabilité. Pendant les périodes de prospérité, il doit prévoir les années mauvaises. Le bénéfice réservé se retrouvera. Sans doute, tout le monde ne sera plus là; mais il faut voir l'intérêt général et penser à la vie et à la solidité de l'entreprise.

M. Paul Delombre rappelle que ces considérations se rattachent à d'autres questions sur lesquelles le Congrès a déjà statué. Ainsi, il a déjà mis hors de cause l'autorité du patron (vingtième question). Il a déclaré aussi que, dans la mesure du possible, il convient d'adopter des bases générales déterminées dans chaque maison pour la confection de l'inventaire (troisième question). Le Congrès a bien compris qu'il y a lieu de dissiper les inquiétudes de cette nature que pourraient avoir les participants. En même temps, il a été unanime pour reconnaître, notamment, qu'en ce qui concerne les amortissements, le patron était la seule personne compétente.

L'expert arrive simplement pour dire : « Le patron s'est conformé aux garanties prévues; il a respecté les bases générales qui doivent présider, de bonne foi, au calcul de l'inventaire. »

On ne va pas jusqu'à enchaîner par une formule le calcul des amortissements. Le juste et le droit en matière de participation aux bénéfices c'est la gestion libre du patron responsable de l'avenir et des pertes de l'entreprise.

M. CHEYSSON. — S'il est entendu que l'autorité du patron est ainsi mise en dehors, malgré l'intervention de l'expert, et que ce dernier doit se borner à vérifier la correction matérielle des écritures, ne pourrait-on pas, dans cette résolution, rappeler les résolutions précédentes, relatives aux bases de l'inventaire?

M. Cheysson propose, en conséquence, l'amendement suivant, qui est adopté :

Le contrôle des comptes par un arbitre-expert, nommé chaque année en Assemblée générale par les participants, pour l'année suivante, et fonctionnant pour vérifier la régularité des écritures et la conformité de l'inventaire aux bases déterminées pour sa confection, donne toute sécurité aux participants comme au chef de maison.

Douzième Question.

L'organisation du travail avec la participation aux bénéfices constitue un élément d'instruction professionnelle et d'éducation économique pour tout le personnel, qui est ainsi préparé à devenir successeur du patron, soit sous la forme de commandite simple, soit comme association coopérative de production.

Rapporteur : M. BUISSON, directeur de l'Association ouvrière *Le Travail* et de la Banque coopérative des associations ouvrières de production, vice-président du Comité de la classe 103 de l'Exposition universelle de 1900.

Suivant le rapporteur, la participation aux bénéfices est, au premier chef, un moyen d'éducation sociale et professionnelle. L'ouvrier, par cela même qu'il est intéressé à la réussite de l'entreprise, s'adonne à son travail avec plus d'activité, plus de soins, plus d'intelligence. En l'intéressant à l'avenir de l'établissement, on éveille en lui le désir d'en connaître les rouages et le fonctionnement, sans qu'il soit nécessaire de le laisser s'immiscer dans l'administration. L'ouvrier se rendra compte notamment que la question de main-d'œuvre est loin d'être tout dans une entreprise et qu'il faut bien d'autres éléments pour la faire prospérer.

La communauté des intérêts engage chacun à rechercher dans sa sphère les moyens les plus propres à concourir à cette prospérité en faisant mieux, plus rapidement et plus économiquement. Il se crée ainsi tout naturellement dans l'usine un noyau d'hommes aptes à concourir à la direction. C'est là, suivant le rapporteur, l'acheminement vers l'association de production. Car on ne peut concevoir cette association que dirigée par des hommes choisis dans les différentes branches et ayant toutes les connaissances techniques et commerciales nécessaires.

Actuellement, il faut le reconnaître, l'éducation commerciale est encore bien rudimentaire au sein du monde ouvrier.

Aux yeux du rapporteur, la participation aux bénéfices est une véritable école d'éducation sociale et professionnelle, dont on doit étendre le rayon d'action pour le plus grand bien des travailleurs et de la paix sociale.

M. Cheysson objecte que, si l'on dit aux patrons que le but utile et final de la participation aux bénéfices est leur extinction par l'association coopérative de production, on s'expose à singulièrement les refroidir. Convient-il d'insister sur cette transformation purement éventuelle ? et ne serait-il pas préférable d'adopter simplement la résolution suivante :

L'organisation du travail avec la participation aux bénéfices constitue un élément d'instruction professionnelle et d'éducation économique pour tout le personnel ?

M. Paul Delombre appuie la proposition de M. Cheysson qui, d'ailleurs, est plutôt de nature à élargir la résolution qu'à la restreindre. Ce que nous pouvons dire scientifiquement, c'est que la participation aux bénéfices crée une organisation du travail qui amène l'ouvrier à un niveau supérieur. Mais, en réalité, nous ne savons pas si, lorsque cette éducation sera faite, elle ira vers la coopération ou vers d'autres formes telles que la mutualité, les syndicats, etc.

M. Goffinon rappelle l'opinion de M. Charles Robert, qui disait que la participation aux bénéfices était la meilleure école de la coopération. La chose du monde la plus difficile pour un patron, c'est de se trouver un successeur. Eh bien, il n'y a pas de meilleure école que la participation pour se créer des successeurs.

M. Delombre. — Il y a encore une meilleure école, c'est celle de la famille. Mais si, par malheur, elle fait défaut, considérez vos collaborateurs comme vos enfants.

La résolution est adoptée telle que l'a proposée M. Cheysson.

Treizième Question.

Si le participant est admis à avoir une part au capital, il devient par ce fait un véritable associé, participant aux pertes comme aux bénéfices, ce qui prépare d'autant mieux l'avénement de la coopération proprement dite, dans laquelle tout propriétaire d'actions est en même temps ouvrier ou employé.

Rapporteur : M. Buisson, directeur de l'Association ouvrière *Le Travail* et de la Banque coopérative des associations ouvrières de production, vice-président du Comité de la classe 103 de l'Exposition universelle de 1900.

Le rapporteur cite les exemples du familistère de Guise, de la papeterie Laroche-Joubert, de l'imprimerie van Marken, où les produits de la participation aux bénéfices ont été entièrement ou partiellement employés à acquérir pour les participants des parts de la propriété de l'entreprise. C'est l'une des nombreuses formes que peut revêtir la coopération. Elle doit donner d'excellents résultats.

Le rapporteur montre les développements qu'ont pris les associations de production, la solidité et la prospérité de certaines de ces sociétés. Il voudrait que ce qui est encore une exception aujourd'hui devînt une règle, c'est-à-dire que toutes les créations de cette nature fussent couronnées de succès. M. Buisson énumère les éléments qui sont nécessaires à cette réussite : 1° capital en rapport avec l'entreprise ; 2° direction sage et habile, suivant les principes coopératifs ; 3° travailleurs imbus de leurs obligations. Il est tout à fait possible de réunir ces éléments, mais l'expérience du rapporteur l'oblige à reconnaître que, longtemps encore, les errements du passé influeront sur la formation des sociétés.

Le rapporteur préconise chaudement les applications de la participation aux bénéfices dans le sens de la coopération. Si, au lieu de créer de toutes pièces des sociétés coopératives, on développait la participation avec copropriété dans l'entreprise, ce système réunirait tous les avantages qu'on est en droit d'attendre de l'extension de la coopération.

Aussi M. Buisson propose-t-il la résolution suivante :

« Il est souhaitable que, dans les maisons ou sociétés où le participant est admis à posséder une part du capital, une partie des sommes attribuées soit employée à l'achat d'actions ou de parts sociales. »

M. CHEYSSON ne partage pas l'optimisme de M. Buisson. Le bénéfice n'est pas la loi générale de l'industrie. Sur dix maisons, trois ou quatre réussissent, trois ou quatre végètent et les autres succombent. N'est-on pas effrayé de diriger des ouvriers dans la voie de l'acquisition d'une usine qui peut sombrer dans leurs mains ? Jamais il ne conseillera aux ouvriers qui ont le courage de mettre un peu d'argent de côté de placer ces épargnes dans l'industrie, mais il les engagera à des placements de tout repos en rente ou obligations garanties. L'épargne est sacrée et ne doit pas courir d'aléa. M. Cheysson préconise les institutions de prévoyance pour l'emploi des produits de la participation. Il est bien difficile d'assurer les vieux jours de l'ouvrier. Or, voici une aubaine exceptionnelle que fournit la participation, faisons-en la dotation de la prévoyance pour assurer une pension de retraite, avec réversibilité sur la famille.

M. BUISSON ne conseillerait pas non plus aux ouvriers de mettre leurs épargnes dans leurs affaires; mais il y a épargne et épargne. La participation aux bénéfices venant en plus du salaire normal dans des entreprises généralement prospères, on ne fait rien de dangereux en engageant l'ouvrier à employer une partie de ce qu'il reçoit ainsi, pour ainsi dire gracieusement, à devenir lui-même un jour le maître de son instrument de travail. S'il fait partie d'une société coopérative, n'est-il pas tout à fait admissible qu'on lui dise : « Cette coopérative fait des bénéfices ; une part de ces bénéfices vous est attribuée ; consacrez-la à l'acquisition d'actions de la société ? Ne faut-il pas qu'il aide cette société à vivre et à marcher ? Qui s'occupera d'elle s'il ne s'en occupe pas ?

M. Chaumelin rappelle les cinquième et sixième résolutions, où le Congrès s'est prononcé sur les avantages de l'épargne, sur les mérites du patrimoine transmissible, c'est-à-dire sur le caractère précieux des institutions de prévoyance ; en ce qui concerne la destination à donner aux produits de la participation, il n'a pas posé de règles absolues, les différents emplois dépendant des circonstances et des milieux.

Il se rallie cependant aux observations de M. Buisson sur un point qui lui paraît indiscutable, à savoir que, lorsque l'entreprise est prospère et qu'on donne à l'ouvrier la faculté d'acheter, au moyen de sa part de bénéfice, des parts de la propriété, la participation au capital ainsi organisée se présente sous une forme très sage. A la Compagnie de Suez, la propriété est divisée en un nombre considérable de parts, et la Compagnie est heureuse lorsque le bénéfice qu'elle distribue à ses agents est employé par eux à acheter des actions du canal. Le personnel, devenu ainsi actionnaire, redouble de zèle dans l'intérêt de la prospérité de l'entreprise.

M. Trombert rappelle qu'en fait la plus grande partie des maisons qui pratiquent la participation aux bénéfices emploient les parts annuelles à constituer pour les intéressés une ressource en vue des vieux jours, soit sous la forme d'un patrimoine transmissible, soit sous celle de retraites. Cette destination a toutes ses préférences. Mais il y a des exemples tellement intéressants de participation consacrée à l'acquisition du capital social qu'on ne peut s'empêcher de souhaiter qu'ils soient imités. Aucune organisation ne saurait à un égal degré élever l'ouvrier en dignité et stimuler son zèle.

M. Paul Delombre résume la discussion. A la suite d'un échange d'observations entre M. Delombre, M. Cheysson, M. Chaumelin, M. Buisson, le Congrès adopte la résolution suivante, sur la proposition de M. Chaumelin :

Si le participant est admis à avoir une part du capital, il devient, par ce fait, un véritable associé participant aux pertes comme aux bénéfices.

Seizième Question.

Des clauses de déchéance dans la participation aux bénéfices

Rapporteur : M. CHEYSSON, inspecteur général des Ponts et Chaussées, professeur à l'École libre des sciences politiques, président de la classe 109 de l'Exposition universelle de 1900.

M. CHEYSSON fait un rapport verbal. Les avantages de la participation aux bénéfices doivent-ils être subordonnés à certaines conditions de stabilité, d'ancienneté ? ou bien doivent-ils être acquis d'une façon définitive aux participants ? La question de la déchéance est une de celles qui font ressortir le plus nettement deux conceptions qu'on peut se faire des rapports entre les patrons et leur personnel.

Il y a celle du patronat patriarcal, l'école de M. Alfred de Courcy. Le patron ne doit rien au personnel en dehors du salaire ; il lui fait des cadeaux bénévoles ; mais il lui dit : « Vous resterez vingt-cinq ans ou trente ans à mon service, autrement vous perdrez tels avantages, non à mon profit, mais au profit de la collectivité des participants. » Suivant M. de Courcy, il est, en effet, logique de procéder ainsi, notamment à l'égard d'un employé qui va porter chez des concurrents l'expérience professionnelle acquise chez son premier patron. A ce système du patronat patriarcal correspond la clause de déchéance.

Il y a ensuite l'école qu'on peut appeler libérale, qui se rend compte que la tutelle pèse à l'ouvrier ; que celui-ci est susceptible ; que retenir après avoir donné ne vaut ; qu'en définitive la part de bénéfice attribuée à l'ouvrier ou à l'employé à la fin de l'exercice est le résultat de services rendus et qu'on ne saurait l'en dépouiller. Dans cette école, on repousse donc la clause de déchéance.

Les deux écoles ont été en présence au Congrès de 1889, et le vote est empreint de ce double esprit. Depuis lors, les faits et les idées ont marché. De plus, la loi du 27 décembre 1890, modifiant l'article 1720 du Code civil sur le contrat de louage, est une véritable menace contre la clause de déchéance. D'autre part, il s'est fait un mouvement considérable en faveur du livret individuel conférant des droits définitifs aux titulaires ; ce livret devient de plus en plus familier dans l'industrie ; la loi de 1894 pour la retraite des ouvriers mineurs l'a introduit dans toute cette branche de travail qui compte 200.000 ouvriers. La loi de 1898, sur les sociétés de secours mutuels, en permettant la fédération des sociétés, a soustrait les mutualistes à la déchéance qui les frappait quand ils changeaient de localité et de sociétés. En un mot, le sentiment de révolte contre la déchéance se fait jour de toutes manières.

C'est là un progrès véritable, conforme à ce courant démocratique, qui partout tend à substituer le droit à la faveur ou à l'arbitraire. Par conséquent, sauf des cas exceptionnels, dont les industriels resteront juges, la participation aux bénéfices doit en principe renoncer à la clause de déchéance.

Après un échange d'observations entre M. Paul DELOMBRE, M. BUISSON, M. CHEYSSON et M. CHAUMELIN, le Congrès adopte la résolution suivante, proposée par le rapporteur :

Le Congrès estime que, sauf des circonstances exceptionnelles, dont les patrons ou les Sociétés restent juges, sous leur responsabilité, il convient, en général, de ne pas introduire la clause de déchéance dans les contrats de participation.

Dix-septième Question.

La participation aux bénéfices et les grèves.

Rapporteur : M. CHEYSSON, inspecteur général des Ponts et Chaussées, professeur à l'École libre des sciences politiques, président de la classe 109 de l'Exposition universelle de 1900.

M. CHEYSSON rappelle la fréquence des grèves. On peut admettre que, tous les ans, 100.000 hommes chôment quinze jours. Cela ne fait, en réalité, qu'un tiers de journée par tête et par an pour les quatre millions d'ouvriers de l'industrie. Mais cette petite proportion ne doit pas nous rassurer ; car, de même que certaines éruptions extérieures peu graves indiquent cependant un vice de constitution, les grèves trahissent un malaise social, un état d'antagonisme fâcheux pour les ouvriers et les patrons.

On s'est mis à l'œuvre de toutes parts et on a présenté de nombreux remèdes : échelle de salaires avec minimum, taxation des salaires, arbitrage et conciliation, régime coopératif, etc. Il y a des remèdes préventifs et des remèdes répressifs. Parmi ces remèdes, nous n'avons à examiner que la participation aux bénéfices. M. Charles Robert a publié un opuscule où il a mis son cœur et son talent à préconiser ce régime comme moyen préventif. Il y montre que la participation aux bénéfices possède une vertu essentiellement pacificatrice, parce qu'elle solidarise les intérêts du capital et du travail.

M. Cheysson a été émerveillé de voir dans l'agriculture, dans le métayage, ce que peut la participation aux bénéfices. « Le métayage a pu triompher des préjugés qui semblaient avoir scellé la pierre tombée sur lui, grâce précisément à l'harmonie qu'il fait régner entre les intérêts du propriétaire et ceux du métayer. »

Le participation dans l'industrie a aussi cette vertu, en amenant le contentement réciproque des deux parties, en améliorant les rapports entre patrons et ouvriers, en dissipant les préventions, en mettant l'harmonie à la place de l'antagonisme. Elle crée, en outre, des contacts fréquents, pour ainsi dire permanents, entre le patron et le personnel, qui apprennent ainsi à mieux se connaître, à s'apprécier davantage. Il se crée un noyau formé de la vieille garde des ouvriers, auquel le patron inspire particulièrement confiance.

Ne semble-t-il pas, dit éloquemment M. Cheysson, que cet état d'âme que crée la participation constitue le remède préventif? A la condition de n'en faire ni une panacée, ni un article de foi, ni un article de loi, la participation peut dans cette voie, comme dans beaucoup d'autres, rendre de grands services.

L'Assemblée a écouté avec un puissant intérêt l'éminent économiste. Elle adopte la résolution suivante, proposée par lui :

Le Congrès estime qu'entre autres avantages, la participation aux bénéfices possède celui d'aider à conjurer les grèves et d'assurer la paix et l'harmonie entre le capital et le travail.

SÉANCE DU MERCREDI 18 JUILLET

(MATIN)

PRÉSIDENCE DE M. ALFRED ENGEL

ASSISTÉ DE

M. PAUL DELOMBRE ET DE M. NICHOLAS PAINE GILMAN

Ordre du jour. — Délibération sur les 14ᵉ et 18ᵉ questions.
Propositions diverses.

M. DELOMBRE remercie Mᵐᵉ Mathilde Meliot, rédactrice du journal *la Fronde*, de la façon remarquable dont elle a rendu compte, dans ce journal, des travaux du Congrès.

Quatorzième Question.

En principe, rien ne s'oppose à l'établissement de la participation aux bénéfices dans les exploitations agricoles qui emploient un nombre suffisant de travailleurs et où il existe une comptabilité bien tenue.

Rapporteur : M. E. GOFFINON, vice-président de la Société pour l'étude de la participation aux bénéfices.

M. GOFFINON rappelle les règles préconisées par le regretté M. Albert Cazeneuve, qui avait écrit un ouvrage sur la participation aux bénéfices dans l'agriculture et qui pratiquait ce système sur une grande exploitation rurale de la Haute-Garonne. Avant toute application du régime, le propriétaire doit :

1° Faire une étude préalable;

2° Se livrer à une enquête sur le savoir professionnel de son personnel, sur son attachement à l'entreprise, sur sa stabilité;

3° Connaître aussi ses collaborateurs au point de vue de l'esprit de famille, de la morale et de la prévoyance;

4° Posséder une comptabilité en rapport avec l'importance de l'exploitation.

La pratique a fait reconnaître à M. Goffinon la justesse des observations de M. Cazeneuve. Le rapporteur cite trois exemples de participation agricole qui n'ont pas été couronnés de succès et deux autres qui ont donné de bons résultats. Il rappelle aussi la remarquable et puissante organisation du travail que M. Bignon a fait prospérer avec un rare dévouement et une grande expérience du monde agricole, sur son domaine de Theneuille. Cette *association du capital et du travail dans la grande culture* tient à la fois de la participation aux bénéfices et du métayage. Suivant M. Goffinon, la cause principale des trois échecs a été l'absence d'un fonds de réserve prélevé sur le produit des bonnes années pour constituer des éléments de répartition pour les années médiocres ou mauvaises. Lorsque pendant plusieurs années le personnel ne touche aucune part, par suite du manque de bénéfice, il se décourage.

Le rapporteur est d'avis qu'il ne faut pas fixer, ou, tout au moins, ne pas divulguer un quantum pour la participation dans l'agriculture, mais faire une bonne répartition après les années prospères et conserver une réserve pour distribuer tant soit peu pendant les années pauvres. Il a appliqué cette méthode sur son domaine des Grésy (Gironde) et s'en trouve bien.

M. Tuleu estime que la constitution d'un fonds de réserve ne doit pas, en effet, être faite en vue de donner des sommes à peu près égales chaque année. Cette répartition uniforme ne serait pas un stimulant suffisant; il faut que l'ouvrier puisse voir les résultats de ses efforts; il faut aussi qu'il comprenne qu'une année mauvaise doit lui rapporter moins.

M. le Président demande à M. Goffinon quelques éclaircissements sur la base qu'il a adoptée.

M. Goffinon répond qu'il donne au travail une rémunération supplémentaire correspondant à 10 o/o des salaires. Pour cela, il opère en réalité, sur les bénéfices, un prélèvement de 10 o/o. C'est son quantum; mais il n'est pas divulgué. M. Goffinon prélève avant la répartition une portion pour la réserve. La participation, pendant les cinq dernières années, a donné, en effet, environ 11 o/o des salaires. Pour faciliter cette réserve, le propriétaire ne prélève pas l'intérêt du capital foncier.

M. Paul Delombre fait remarquer qu'avec sa générosité habituelle, M. Goffinon abandonne l'intérêt de son capital,

M. Goffinon ne croit pas faire œuvre de philanthropie. Son bénéfice annuel est en moyenne de 6 o/o. S'il retirait l'intérêt de son capital au taux de 3 o/o il lui resterait encore 3 o/o de profit.

M. Paul Delombre. — Peut-on considérer qu'une industrie fait un bénéfice, lorsqu'il n'y a pas de rémunération du capital?

M. Goffinon. — Certainement.

M. Delombre. — Si on se refuse à l'admettre, on devra reconnaître que la part que vous accordez à vos participants est supérieure à 10 o/o des bénéfices, puisque les frais généraux ne comprennent aucun intérêt pour le capital.

M. Goffinon. — Mais cela ne fait toujours que 11 o/o des salaires : c'est mon barème. Et le propriétaire a un revenu de 6 o/o.

M. Trombert. — C'est pourquoi M. Goffinon se défend de faire de la philanthropie.

MM. Tuleu et Beudin proposent d'introduire le principe du fonds de réserve dans la résolution.

M. Paul Delombre lit la rédaction suivante qui est adoptée :

La participation aux bénéfices peut être établie dans l'agriculture comme dans toute autre industrie. Toutefois, elle exige plus particulièrement une étude préalable, l'existence d'un fonds de réserve, et une comptabilité simple mais bien tenue.

Dix-huitième Question.

L'adoption dans les Sociétés coopératives de production et de consommation, de la participation aux bénéfices en faveur du personnel n'est-elle pas conforme aux vrais principes de la coopération?

N'est-elle pas de nature à servir au plus haut degré les intérêts des Sociétés, en développant le zèle et la stabilité du personnel?

Rapporteur : M. de Boyve, directeur du journal *l'Émancipation.*

Suivant le rapporteur, la coopération a pour but de créer une organisation supérieure à l'état social actuel en introduisant plus d'équité dans les rapports sociaux. La coopération et la participation forment une association d'intérêts. La coopération, sous quelque forme qu'elle existe, ne peut, sans participation, réaliser l'idéal coopératif. Dans la consommation, la participation sert aussi bien les intérêts des associés consommateurs que ceux des employés. Ceux-ci, par leur assiduité, leur bienveillance envers les associés, peuvent grandement contribuer à les attirer au magasin coopératif, de même que par le bon entretien des denrées, par l'attention à éviter le gaspillage, les pertes de temps, ils peuvent contribuer à diminuer les frais généraux. Le rapporteur cite l'exemple de la Société coopérative « l'Abeille Nimoise » qui alloue au personnel 10 o/o de ses bénéfices, en réservant un tiers des parts pour le capitaliser sur comptes individuels.

Dans l'association ouvrière de production, où, une fois le capital acquis, la compétence du directeur et le travail des associés sont les seules causes du succès, la participation des ouvriers associés, après payement de l'intérêt du capital, doit être entière. Elle doit être distribuée proportionnellement aux bénéfices que donne le travail manuel et intellectuel de chacun, en laissant une part pour la réserve et le fonds de prévoyance. Une association ouvrière de production qui ne distribuerait les bénéfices qu'à un petit nombre d'associés et soumettrait les autres à un salariat fixe serait une association de petits patrons indignes de se ranger sous le drapeau des coopérateurs.

M. Paul DELOMBRE. — Nous avons défini, l'autre jour, la participation aux bénéfices « un contrat de salaire amélioré ». Ce n'est pas autre chose. A côté de cet idéal, qui est le nôtre, limité, mesuré, mais d'une grande portée, il y en a un autre, poursuivi par une école qui voit dans la coopération un moyen de transformation radicale des conditions du travail et de la répartition de ses fruits. M. de Boyve est un des plus zélés partisans de cette transformation sociale. Il est à la tête de l'École de Nimes, extrêmement intéressante par l'ardeur qu'elle met dans toutes les questions dont elle s'occupe. Le Congrès voudra certainement maintenir ses conclusions premières et formuler, au sujet des vues énoncées par le rapporteur, les réserves les plus expresses, malgré toutes ses sympathies pour M. de Boyve, qui est l'un des hommes les plus dévoués à la cause du progrès social. Nous pourrions, d'ailleurs, adopter un texte auquel lui-même ne pourrait que souscrire.

Sur la proposition de M. Delombre, le Congrès vote la résolution suivante :

L'adoption, dans les Sociétés coopératives de production et de consommation, de la participation aux bénéfices en faveur du personnel n'est pas contraire aux vrais principes de la coopération.

Elle est de nature à servir au plus haut degré les intérêts des Sociétés en développant le zèle et la stabilité du personnel.

PROPOSITIONS DIVERSES

M. Delombre a reçu hier de M. Deherme la communication suivante :

Proposition de M. Deherme.

M. Deherme saisit le Congrès de la question suivante : « Des moyens de parer à ce que les exploitations industrielles, dans les moments de grande prospérité, ne dissimulent pas une grosse part des bénéfices qu'elles auraient à distribuer à leurs coparticipants, en faisant passer, comme frais généraux, des réfections importantes de matériel qui augmentent la valeur de l'actif social et devraient être amorties sur plusieurs exercices. »

M. Paul Delombre rappelle que, aux termes de l'article 11 du règlement du Congrès, toute question non inscrite à l'ordre du jour et proposée par un membre du Congrès doit être portée à la connaissance du secrétaire quinze jours au moins avant l'ouverture du Congrès. Cette clause interdit l'examen de la question tardivement communiquée par M. Deherme, qui, de plus, n'est pas membre du Congrès. D'un autre côté, l'assemblée a déjà délibéré sur la question des amortissements et a nettement exprimé l'avis que le chef de maison doit être le maître de ses amortissements.

Le Congrès passe à l'ordre du jour.

Communication de M. Balas.

M. Balas, de la maison Tassart, Balas et Cie, entreprise de couverture et de plomberie, a fait distribuer à ses collègues une notice imprimée dans laquelle il donne l'historique de conférences organisées en 1893, comme complément et sous le patronage du Musée-Bibliothèque de la participation aux bénéfices, de la coopération, des syndicats professionnels et du Musée-Bibliothèque des accidents du travail, organisés rue de Lutèce, dans l'Hôtel des Chambres syndicales de l'industrie et du bâtiment. Ces conférences, dues à l'initiative de M. Balas, avaient pour but de faire connaître les centres d'études créés par les deux musées et de propager les principes et les institutions qui y étaient mis en lumière. Elles ont fonctionné utilement en 1893 et en 1894 avec le concours de l'Association polytechnique. Lors de la création du Musée social par M. le comte de Chambrun, le Musée-Bibliothèque de la participation aux bénéfices, de la coopération et des syndicats professionnels est allé se fondre dans ce grand ensemble, et les conférences qui s'y rattachaient ont cessé d'avoir lieu.

M. Balas propose au Congrès d'émettre un vœu en faveur de la réorganisation de cet utile mouvement de propagande.

Le Congrès vote la résolution suivante :

Le Congrès, appréciant l'intérêt qu'il y aurait à vulgariser les questions d'économie sociale se rapportant aux institutions patronales, estime qu'il y a lieu de reprendre, avec le concours du Musée social et de la Société pour l'étude pratique de la participation aux bénéfices, les conférences populaires qui avaient été organisées en 1893 et en 1894, sous le patronage du Musée-Bibliothèque de la participation aux bénéfices, de la coopération et des syndicats professionnels, et de soumettre ce projet au Comité de direction du Musée social et au Conseil d'administration de la Société pour l'étude pratique de la participation aux bénéfices.

Communication de M. Pantz.

M. Paul Delombre dépose sur le bureau une notice manuscrite présentée par M. Pantz, ingénieur-constructeur à Paris, sur l'organisation et le fonctionnement de la participation dans sa maison.

Cette notice est transmise à la bibliothèque de la Société pour l'étude pratique de la participation aux bénéfices.

COMMUNICATION DE M. GUEY,
Président de l'Union syndicale
des employés et représentants de commerce parisiens.

M. GUEY donne lecture de la résolution suivante, adoptée par le Congrès international des voyageurs et représentants de commerce :

« Le Congrès international des voyageurs et représentants de commerce émet le vœu que la participation aux bénéfices soit mise en vigueur dans les différentes industries et maisons de commerce françaises et étrangères au profit des voyageurs et représentants de commerce qui devront s'inspirer du sage principe économique suivant : Les affaires seront traitées pour le compte des patrons par les voyageurs et représentants de commerce avec le même zèle et les mêmes intérêts que s'ils les traitaient pour eux-mêmes. »

M. GUEY fait remarquer l'importance de cette résolution et de l'adhésion si nette qu'elle comporte à l'idée de la participation aux bénéfices. Le Congrès comptait les délégués de trente-six grandes Sociétés françaises et de dix-huit syndicats et fédérations étrangers, formant un total de cent cinquante mille sociétaires représentés.

M. Paul DELOMBRE. — L'Union des voyageurs de commerce est certainement au premier rang des associations où l'initiative privée est le plus en honneur. Le Congrès international de la participation aux bénéfices doit prendre acte de cette communication, et il voudra sans doute charger son président de remercier le président de la grande association des voyageurs et représentants de commerce et de s'entendre éventuellement avec lui pour toutes les mesures qui pourraient être prises pour développer en commun les études et la propagande relatives à la participation aux bénéfices.

Le Congrès approuve.

M. Alfred ENGEL, président. — Je demande à devancer un peu les remerciements qui seront adressés à notre président cet après-midi en lui exprimant la grande satisfaction que nous avons éprouvée d'être présidés par un homme d'un talent aussi supérieur que le sien. Je n'ai jamais vu présider un congrès avec autant de netteté et d'amabilité. Messieurs, je remercie en votre nom M. Delombre de tout ce qu'il a fait pour les progrès de nos travaux. *(Vifs applaudissements.)*

SÉANCE DU MERCREDI 18 JUILLET
(APRÈS-MIDI)

PRÉSIDENCE DE M. PAUL DELOMBRE

DISCOURS DE CLOTURE DE M. PAUL DELOMBRE

M. Paul DELOMBRE remercie tous ceux qui ont apporté leur collaboration aux travaux de ce Congrès. Si nous n'avons pas eu tout à fait le nombre, nous avons eu la qualité, le savoir, la valeur. M. le Président adresse aussi ses vifs remerciements aux membres de la Commission d'organisation.

M. Delombre résume les résultats du Congrès. Il est apparu que la participation aux bénéfices est un élément inappréciable de paix sociale et de concorde entre les divers facteurs de la production. Il n'est pas apparu, en revanche, qu'elle constitue une panacée. En matière d'économie sociale, il n'y a pas de panacée. Suivant les industries, suivant les commerces, suivant les régions, suivant les circonstances, la participation aux bénéfices peut être appliquée dans telles ou telles conditions. Là où ce régime est en vigueur, ou bien jugé désirable, il faut laisser à l'initiative patronale toute la force dont elle est susceptible, sans lui imposer aucune pression ni intervention des pouvoirs publics. La participation aux bénéfices est une convention libre qui est applicable partout, aussi bien dans l'agriculture que dans l'industrie, le commerce et la finance, mais qui ne serait applicable nulle part si l'on avait la prétention de substituer à l'initiative privée une autorité arbitraire.

On a constaté que la participation aux bénéfices attache le personnel par la perspective des améliorations qu'apportera à son sort la prospérité de l'entreprise. D'autre part, elle procure au patron un personnel d'élite lui permettant de mieux utiliser l'outillage, les matières premières, tous les éléments à l'aide desquels fructifie l'industrie.

Le salaire fixe a été un très grand progrès social ; il a abouti à l'émancipation de l'ouvrier ; il est, en principe, la rémunération légitime de l'effort et du service. Mais la participation aux bénéfices améliore ce salaire dans la proportion la plus équitable, celle de la prospérité de la maison, prospérité accrue par le fait même de la solidarité rendue plus tangible entre les ouvriers et les patrons. Cette situation élève l'ouvrier : au point de vue matériel, par le salaire perfectionné dont il jouit ; au point de vue économique, par les conditions meilleures dans lesquelles il se trouve ; au point de vue moral, par l'éducation générale qu'il retire de cette collaboration plus active avec le patronat.

Le Congrès a estimé que, pour le bon fonctionnement de la participation aux bénéfices, l'autorité patronale doit être mise au-dessus de toute discussion.

Ce qui est à désirer aussi, c'est que l'ouvrier sente bien, lorsqu'on lui parle de participation aux bénéfices, la convention librement acceptée n'est pas faite simplement de bienveillance, mais que la justice et l'équité y ont part. Un grand progrès sera réalisé si, dans la pratique de ce régime, on parvient à écarter de l'ouvrier toute crainte d'arbitraire. Sur ce point, il y a lieu de souhaiter que, dans la mesure du possible, les bases d'inventaire soient déterminées et indiquées.

M. le Président insiste également sur les avantages des comités de conciliation présidés par la direction, avantages que le Congrès a mis en lumière.

Les travaux du Congrès n'ont pas cessé de s'inspirer d'un esprit large et libéral. Ils ont fait ressortir l'estime dans laquelle le monde patronal tient l'ouvrier. Plus on examine au point de vue social les rapports de l'ouvrier et du patron, plus on constate que la plupart des désaccords proviennent de ce qu'on ne s'est pas parlé, de ce qu'on ne se connait pas suffisamment. Un contact plus fréquent fait voir comme des deux côtés il y a des braves gens. Or, entre braves gens on doit toujours s'entendre.

Le Congrès a estimé aussi qu'il y avait opportunité à vulgariser davantage les bons effets du régime de la participation aux bénéfices. Il a émis un vœu en faveur de la reprise des conférences sur ce sujet faites il y a quelques années.

« Je crois, dit M. Delombre en terminant, que notre œuvre est de celles qui sont réellement bonnes. Nous n'en attendons pas une révolution dans les conditions sociales ; nous n'avons pas la prétention de disposer d'une baguette magique à l'aide de laquelle on transformerait les choses du jour au lendemain ; nous ne croyons pas à l'existence de cette baguette magique ; nous croyons à l'évolution et non à la révolution. »

M. Paul Delombre prononce la clôture du Congrès.

STATUTS DE LA SOCIÉTÉ

ANNEXÉS AU DÉCRET DU 12 MARS 1889

ARTICLE PREMIER.

L'Association dite : SOCIÉTÉ POUR L'ÉTUDE PRATIQUE DE LA PARTICIPATION DU PERSONNEL DANS LES BÉNÉFICES, fondée en 1878, a pour but de faciliter à tous les intéressés l'étude pratique des diverses méthodes de participation des employés et ouvriers dans les bénéfices. Elle s'occupe en même temps, à l'occasion de la participation, des institutions de prévoyance et de l'enseignement professionnel.

La Société se propose de faire connaître aux intéressés, par la voie d'un Bulletin ou autrement, les documents qu'elle rassemble dans ses archives.

La Société a son siège à Paris.

ART. 2.

L'Association se compose de membres fondateurs, de membres souscripteurs, de membres honoraires et de membres correspondants.

ART. 3.

Peuvent seuls devenir membres fondateurs et souscripteurs français ou étrangers de la Société et siéger avec voix délibérative dans les Assemblées, les patrons, chefs d'établissements et leurs collaborateurs dans la direction, les directeurs ou administrateurs de Sociétés, ou les personnes qui ont eu antérieurement ces mêmes qualités. Sont membres souscripteurs ceux qui versent une cotisation annuelle dont le minimum est de vingt francs. Sont membres fondateurs ceux qui versent, à raison de cent francs par an, pendant trois ans, la somme de trois cents francs égale à quinze fois le montant de la cotisation annuelle.

L'admission est prononcée par le Conseil d'administration sur la présentation d'un membre fondateur ou souscripteur.

Pour reconnaître les services rendus à la participation, le Conseil d'administration peut nommer des membres honoraires français ou étrangers choisis en dehors des catégories indiquées au paragraphe premier du présent article.

Il peut nommer aussi, pour concourir à ses travaux, des membres correspondants choisis à Paris, dans les départements ou à l'étranger, en dehors de ces mêmes catégories.

Les membres honoraires et correspondants ne paient aucune cotisation. Ils peuvent assister aux séances, mais sans avoir voix délibérative.

Art. 4.

La Société es. administrée par un Conseil de douze membres, dont au moins neuf Français élus par l'Assemblée générale.

Le Conseil est renouvelé tous les trois ans par quart. Les membres sortants peuvent être réélus.

Le Conseil nomme chaque année parmi ses membres un Président, un Vice-Président, un Trésorier et un Secrétaire qui forment le bureau de la Société et peuvent être réélus.

Le Conseil se réunit au moins tous les deux mois, et chaque fois qu'il est convoqué par son Président ou sur la demande de trois de ses membres.

La présence de la moitié des membres du Conseil d'administration est nécessaire pour la validité de ses délibérations.

Il est tenu procès-verbal des séances.

Les procès-verbaux sont signés par le Président et le Secrétaire.

Art. 5.

Les délibérations relatives à l'acceptation des dons et legs, aux acquisitions et échanges d'immeubles, sont soumises à l'approbation du Gouvernement.

Art. 6.

Le Trésorier représente l'Association en justice et dans tous les actes de la vie civile.

Art. 7.

Toutes les fonctions des membres de l'Association sont gratuites.

Art. 8.

Les ressources de la Société se composent :

1° Des intérêts des fonds placés et des revenus des autres biens de la Société ;

2° Du produit des souscriptions des sociétaires et des versements des souscripteurs ;

3° Du produit des abonnements au *Bulletin* ;

4° Des dons et legs dont l'acceptation aura été autorisée par le Gouvernement ;

5° Des subventions qui pourraient lui être accordées.

Les excédents de recettes qui ne sont pas nécessaires aux besoins de la Société sont placés, conformément aux décisions du Conseil d'administration, en fonds publics, en obligations du Crédit Foncier ou en obligations des chemins de fer français, auxquels un minimum d'intérêt est garanti par l'État.

Art. 9.

Aucune publication ne peut être faite au nom de la Société sans l'examen préalable et l'approbation du Bureau.

Art. 10.

Il y a tous les ans une Assemblée générale de la Société.

L'ordre du jour de cette Assemblée est arrêté par le Conseil d'administration.

Son Bureau est celui du Conseil.

L'Assemblée générale annuelle entend :

1° Le rapport du Conseil d'administration sur la situation morale et matérielle de la Société ;

2° Le rapport du Trésorier sur les recettes et dépenses de l'année et sur la situation financière de la Société.

Elle approuve les comptes de l'exercice expiré.

Elle nomme les membres du Conseil d'administration.

Elle délibère sur toutes les propositions qui lui sont soumises par le Conseil d'administration.

Le vote peut avoir lieu par correspondance.

Art. 11.

La liste des membres, les comptes rendus et les procès-verbaux des séances de l'Assemblée générale sont imprimés et distribués à chacun des membres de la Société.

Des exemplaires de ces listes, de ces comptes rendus et procès-verbaux, ainsi que des exemplaires du *Bulletin* sont adressés au Ministre de l'Intérieur et au Préfet de la Seine.

Art. 12.

Les statuts ne peuvent être modifiés que sur la proposition du Conseil d'administration ou de vingt-cinq membres, soumise au Bureau au moins un mois avant la séance.

L'Assemblée extraordinaire, spécialement convoquée à cet effet, ne peut modifier les statuts qu'à la majorité des deux tiers des membres présents.

L'Assemblée doit se composer du quart, au moins, des membres en exercice.

La délibération de l'Assemblée est soumise à l'approbation du Gouvernement.

EXPOSITION UNIVERSELLE DE 1900

CLASSE 102
Rémunération du travail. — Participation aux bénéfices.

LISTE DES RÉCOMPENSES

Liste du Jury.

MM.

MARUÉJOULS (Émile), président. — France.
VAN MARKEN (J.-C.), vice-président. — Pays-Bas.
TROMBERT (Albert), rapporteur. — France.
HUSSENOT DE SENONGES (Hubert), secrétaire. — France.
ARNAULT (Auguste). — France.
CARLIER (Édouard). — France.
DAVID (Léon). — France.
DESLANDRES (E.). — France.
GOFFINON (Édouard). — France.
PRIVAT-DESCHANEL (Georges). — France.

Hors concours.

CHAIX. — France.
DAVID (Léon). — France.
ÉMANCIPATION (L'). — France.
GOFFINON (Jacques-Édouard). — France.
SOCIÉTÉ POUR L'ÉTUDE PRATIQUE DE LA PARTICIPATION DU PERSONNEL DANS
  LES BÉNÉFICES. — France.
THUILLIER frères. — France.
USINE A GAZ ET A EAU, Beaumont-Persan. — France.
VAN MARKEN. — Pays-Bas.

Grands prix.

BOARD OF TRADE. — Grande-Bretagne.
COLIN ET Cie (Familistère de Guise). — France.
COMPAGNIE DES CRISTALLERIES DE BACCARAT. — France.
COMPAGNIE UNIVERSELLE DU CANAL MARITIME DE SUEZ. — France.
FILLOT, RICOIS, LUCET ET Cie (Au Bon Marché). — France.
LAROCHE-JOUBERT ET Cie. — France.
MINISTÈRE DU COMMERCE (Office du Travail). — France.
REDOULY-VALMÉ ET Cie (Maison Leclaire). — France.

MM.

SCHNEIDER ET Cie, — France.
TASSART, BALAS, BARBAS ET Cie, — France.
TULEU (Ch.), — France.

Médailles d'or.

BAILLE-LEMAIRE, — France.
BIGNON père et fils, — France.
CHEMINS DE FER DE L'ÉTAT, — France.
COMPAGNIE D'ASSURANCES LE SOLEIL, et L'AIGLE (Incendie). — France.
COMPAGNIE D'ASSURANCES GÉNÉRALES SUR LA VIE. — France.
COMPAGNIE HOUILLÈRE DE BESSÈGES, — France.
DELHAIZE frères et Cie, — Belgique.
FABRIQUE IMPÉRIALE DE CARTES À JOUER, — Russie.
GILMAN, — États-Unis.
HARMEL frères. — France.
LEVER BROTHERS LIMITED. — Grande-Bretagne.
MERLIN (R.). — France.
MUSÉE SOCIAL. — France.
NATIONALE (LA), (Incendie). — France.
NATIONALE (LA), (Vie). — France.
PIAT et ses fils, — France.
SOCIÉTÉ ANONYME DES JOURNAUX ET IMPRIMERIES DE LA GIRONDE. — France.
SOCIÉTÉ DE LA MANUFACTURE ZUNDEL (Em.). — Russie.
STORK frères. —Pays-Bas.
UNION (L'), (Incendie). — France.
UNION (L'), (Vie), — France.

Médailles d'argent.

BOISSIÈRE (H.), — France.
BUTTNER-THIERRY. — France.
CAZALET et fils, — France.
CHAMBRE CONSULTATIVE DES ASSOCIATIONS OUVRIÈRES DE PRODUCTION. —
    France.
CHRISTOFLE ET Cie, — France.
COMITÉ DÉPARTEMENTAL DU CHER, — France.
COMITÉ DÉPARTEMENTAL DE LA SARTHE. — France.
COMMISSION ROYALE SPÉCIALE POUR LE GROUPE XVI. — Pays-Bas.
COMPAGNIE D'ÉCLAIRAGE PAR LE GAZ DES VILLES DU MANS ET DE VENDOME.
    — France.
DELALONDE (E.-L.). — France.
ÉTABLISSEMENTS ÉCONOMIQUES DE REIMS. — France.
FRANÇOIS (L.), GRELLOU (A.) et Cie. — France.
GRANDE MANUFACTURE DE JAROSLAW. — Russie.

MM.

Husson (François). — France.
Lefranc et Cⁱᵉ. — France.
Maison Bréguet. — France.
Masson et Cⁱᵉ. — France.
Ministère de l'industrie et du travail (Direction générale des mines).
   — Belgique.
Monduit (Ph.). — France.
Muller et Roger. — France.
Pérignon, Vinet et Cⁱᵉ. — France.
Société des manufactures B. et A. Iassuninsky. — Russie.
Société du secteur électrique de la place Clichy. — France.

Médailles de bronze.

Badin (A.) et fils. — France.
Banque populaire de Menton. — France.
Comité central de l'union coopérative des sociétés françaises de
   consommation. — France.
Compagnie d'assurances la Foncière (Incendie). — France.
Conseil des prud'hommes du Mans. — France.
Ratouis de Limay (H.). — France.
Société anonyme de Vezin-Aulnoye. — France.

Mentions honorables.

Caisse d'épargne et de prévoyance de l'arrondissement de Coulom-
   miers. — France.
Caisse d'épargne et de prévoyance de Reims. — France.
Dufaure (G.). — France.
Moniteur des syndicats ouvriers. — France.

COLLABORATEURS

Grands prix.

Sabourdin (Anatole). — Laroche-Joubert et Cⁱᵉ. — France.
Van Marken (Mᵐᵉ). — Pays-Bas.

Médailles d'or.

Chaumelin (Gaston). — Compagnie universelle du canal maritime de
   Suez. — France.
Demolon (Léon). — Colin et Cⁱᵉ. — France.
Harlé (Eri.J.). — Laroche-Joubert et Cⁱᵉ. — France.
Knuttel. — Van Marken. — Pays-Bas.
Lapret (Louis). — Schneider et Cⁱᵉ. — France.
Mahler. — Tuleu (Ch.). — France.
Wilson Fox. — Labour (Commission du Board of Trade). — Grande-
   Bretagne.

Médailles d'argent.

MM.

AULNER (Léon). — HARMEL frères. — France.
BROUWER (Mlle Betsy). — VAN MARKEN. — Pays-Bas.
CABROL (Théophile). — LA NATIONALE (Incendie). — France.
CHANSON. — COMPAGNIE D'ASSURANCES GÉNÉRALES. — France.
CHAPEAU (Antoine). — SOCIÉTÉ ANONYME DES JOURNAUX ET IMPRIMERIES DE
    LA GIRONDE. — France.
CHESTAKOFF. — ZUNDEL (Émile). — Russie.
DALLET (Mme veuve). — COLIN et Cie. — France.
DEMARCQ (Menotti). — USINE A GAZ ET HYDRAULIQUE DE BEAUMONT. —
    France.
GÉANT (André). — COMPAGNIE L'UNION (Incendie). — France.
JULLIOTTE (Claude). — SCHNEIDER et Cie. — France.
LABBÉ frères. — COMITÉ DÉPARTEMENTAL DU CHER. — France.
LAMBAUX (Joseph). — TASSART, BALAS, BARBAS et Cie. — France.
LÉTOURNEAU (Jules). — GOFFINON (E.). — France.
MATHIEU (Eugène). — THUILLIER frères. — France.
MAURIN. — TASSART, BALAS, BARBAS ET Cie. — France.
OLTRAMARE. — COMPAGNIE L'UNION (Vie). — France.
PRAMONDON (Georges). — CHAIX. — France.
QUIQUET (Albert). — LA NATIONALE (Vie). — France.
RENÉTAUD. — LAROCHE-JOUBERT et Cie. — France.
SAVOUILDAN (A.-A.). — COMPAGNIE UNIVERSELLE DU CANAL MARITIME DE
    SUEZ. — France.
VINCENT (Alfred). — COMPAGNIE L'UNION (Incendie). — France.

Médailles de bronze.

BRUNEAU. — CAISSE D'ÉPARGNE ET DE PRÉVOYANCE DE L'ARRONDISSEMENT DE
    COULOMMIERS. — France.
CADIX fils — LAROCHE-JOUBERT et Cie. — France.
COLADON (P.). — BUTTNER-THIERRY. — France.
HOEFLICH (L.). — BUTTNER-THIERRY. — France.
SCHMIDT (Albert). — SECTEUR ÉLECTRIQUE DE LA PLACE CLICHY. — France.
SERRÉ. — LE SOLEIL et L'AIGLE. — France.
STELTEN. — VAN MARKEN. — Pays-Bas.